Ihr Hobby

Tanganjikasee-cichliden

Frank Schneidewind
meiner Mutter gewidmet

INHALTSVERZEICHNIS

© 1997 by bede-Verlag, Bühlfelderweg 12, D-94239 Ruhmannsfelden
Konzept der Reihe „Ihr Hobby...", Herstellung und Gestaltung: bede-Verlag

Bildnachweis: Alle Bilder Frank Schneidewind, außer wenn anders aufgeführt
Titel: Großes Bild M.-P. & C. Piednoir

Danksagung: Der Autor bedankt sich bei der Fa. „Aqua-Treff Berlin", insbesondere bei Herrn Sascha Wendland (Inh.), für die Möglichkeit der Fotografie und viele sachdienliche Hinweise.

ISBN: 3-931 792-44-7
bede-Bestellnummer: HO 357

Die Buntbarsche des Tanganjikasees sind in vielerlei Hinsicht ganz besondere Fische. Seit Jahren stehen sie hoch in der Gunst der Aquarianer. Selbst innerhalb der faszinierenden Familie der Cichliden sind sie etwas ganz besonderes. Es gibt wohl kaum einen weiteren aquaristischen Beschäftigungszweig, in dem eine derartige Spezialisierung stattgefunden hat. So gibt es Liebhaber, welche sich ausschließlich mit den sogenannten „Sandcichliden", „Fadenmaulbrütern", „Schneckenbuntbarschen", „Kärpflingscichliden" oder beispielsweise mit den variantenreichen „Brabantbuntbarschen" beschäftigen. Zwischen diesen Spezialisten herrscht ein reger Austausch, vor allem an Nachzuchttieren. Im Zuge dieser Entwicklung, die mehr als nur ein Trend oder eine Modeströmung ist, siedelten sich verschiedene Zierfischfänger und Exporteure am See an und vermarkten die begehrten Cichliden (teils als Wildfänge, teils als Teich-Nachzuchten) an interessierte Liebhaber in aller Welt, deren Sucht nach Neuem kein Ende nimmt. Nicht alle Tanganjikaseecichliden kann man als preiswert bezeichnen, viele Arten zählen aus unterschiedlichen Gründen zu den teuersten Süßwasserfischen. Und: Nicht alle Tanganjikaseecichliden sind Anfängerfische! Tanganjikaseecichliden sind nicht nur das Lieblingskind vieler Aquarianer. Wissenschaftler sind ebenso von den einzigartigen Fischen begeistert. Mit ihrem hochentwickelten Sozialverhalten und den vielen geographischen Varianten sind sie Musterbeispiele, Modelle für Verhaltensforscher, Evolutionsbiologen und Genetiker. Ein Teil der Beweggründe, warum so viele Aquarianer Tanganjikaseecichliden pflegen, läßt sich objektiv erklären, der andere Teil liegt in der subjektiven Freude und Faszination an diesen außergewöhnlichen Fischen verborgen. Rund 300 Fischarten bevölkern den afrikanischen See, darunter knapp 200 beschriebene Cichliden. Der Tanganjikasee und seine Bewohner brechen viele Rekorde. So stammen bezeichnenderweise

Manchmal ist gerade das verborgene und versteckte Leben vieler Arten so reizvoll. Tanganjikaseecichliden begeistern in jeder Lebenslage. Spathodus erythrodon.

sowohl der mit bis zu 80cm Körperlänge größte (*Boulengerochromis microlepis*) als auch der mit rund 3,5cm einer der

DIE BESONDEREN CICHLIDEN

*Tanganjikasee-
cichliden fes-
seln mit ihrem
faszinierenden
Verhalten
jeden Betrach-
ter vor dem
Aquarium.
Julidochromis
dickfeldi.*

*Im Vergleich zu
den Cichliden
des Malawisees
fällt das Vor-
handensein
einer Vielzahl
höhlenbrüten-
der Arten auf.
Diese Vertreter
sind weniger
plakativ ge-
färbt dafür
aber schön ge-
zeichnet.
Neolamprolo-
gus caudopunc-
tatus.*

*Ausgefallene
Körperformen
machen Tanga-
njikaseecichliden
so vielgestaltig
und beliebt.
Altolamprologus
calvus.*

kleinsten (*Lamprolo-
gus kungweensis*) Cich-
liden der Welt aus je-
nem Herzstück Afrikas.
Jährlich wächst die
Zahl neuer Arten durch
Sammelreisen ambitio-
nierter Aquarianer, so
daß sicher noch viele
hinzukommen und
noch eine Menge in
Sachen Systematik
dazugelernt werden
muß. Beinahe alle
Cichliden des Sees
leben nur hier, d. h.
nirgends sonst auf der
Welt (Endemismus).
Unter den Tanganjika-
cichliden lassen sich
fast alle erdenklichen
Fortpflanzungstechni-
ken finden. Es domi-
nieren deshalb auch
nicht, wie im benach-
barten Malawisee, die
Maulbrüter. Bei den
Tanganjikaseecichli-
den ist alles viel kom-
plizierter, spezialisier-
ter und darum eben
noch interessanter. Der
See selbst ist mit seinen
gewaltigen Dimensio-
nen ein großes Bin-
nenmeer, eingebettet
im afrikanischen Gra-
benbruch und mit 1470
Metern nach dem Bai-

4

kalsee der zweittiefste der Welt. Geologen schätzen sein Alter auf über zehn Millionen Jahre, wovon er die längste Zeitspanne gänzlich isoliert war. Damit ist er wesentlich älter als der Malawi- und der Viktoria-See. Im Laufe dieses riesigen Zeitraums konnten sich die verschiedensten Arten entwickeln. Die Evolution - und die Cichliden - selbst hatten einfach viel mehr Zeit zur Entfaltung und zur Anpassung an die loka-

an der Buntbarsch-Brut durch Fiederbartwelse entstehen konnten. Attraktive Kuckuckswelse (z. B. *Synodontis multipunctatus*) fressen den Cichliden während des Laichens die Eier weg und mogeln ihren eigenen Nachwuchs unter. Im Maul des Wirts ernähren sich die frühzeitig schlüpfenden Welse von den Cichlidenjungen. Brutparasitismus bei Fischen, wer hätte das gedacht! Tanganjikaseecichliden begeistern vor

Das räuberische Maul und die gesamte Erscheinung dieser Art erinnern an Nanderbarsche. Altolamprologus compressiceps „Goldkopf".

len Gegebenheiten. Daraus resultierte die große Anzahl an Cichlidengattungen, ebenfalls ein „Afrikarekord". Mit den Cichliden entwickelten sich alle übrigen Vertreter der interessanten Fischfauna weiter, so daß phänomenale Erscheinungen, wie das Parasitieren

allem durch ihre außergewöhnlichen Körperformen und interessanten Verhaltensweisen. Dabei ähneln die vielgestaltigen Vertreter so mancher Art aus gänzlich anderen Familien. So gibt es Fische, die den treffenden Beinamen „Nanderbuntbarsche" (*Altolamprologus* compressiceps), „Kärpflingscichliden" (Gattungen *Cyprichromis* und *Paracyprichromis*) oder „Grundelbuntbarsche" (Tribus Eretmodini) erhielten. Diese Populärbezeichnungen zeigen schon sprachlogisch sehr schön Analogien auf. Da sich der Körperbau dem Lebensraum überall und immer wieder neu anpaßt, entstehen an vielen Orten unter vergleichbaren Bedingungen Körperähnlichkeiten, die für Laien verblüffend irritierend sind. Natürlich sind viele Vertreter farblich äußerst attraktiv, aber der Reiz ihrer Pflege liegt vor allem in den so unterschiedlichen und leicht zu beobachtenden Verhaltensmustern begründet. Tanganjikaseecichliden zählen zu den aggressivsten Süß-

wasserfischen. Aus alledem ergibt sich eine zum Teil sehr unterschiedliche, individuelle Haltung im Aquarium und das richtige Fingerspitzengefühl für diese empfindlichen Buntbarsche, was sicher einen zusätzlichen Reiz ausmacht. Der Handel bietet für jeden Geldbeutel, für jeden Geschmack und für alle Aquarien passende Pfleglinge an. Viele Höhlenbrüter lassen sich bereits in kleinen Aquarien ab 50 Liter Inhalt pflegen und vermehren. Die Bestätigung für die erfolgreiche Umsetzung aller gewonnenen Erkenntnisse ist natürlich die Nachzucht, Glücksmoment im Leben eines jeden Aquarianers. Niemand kann - und dies gilt selten so deutlich wie bei Tanganjikaseecichli-

Tropheus-Arten sind empfindliche Pfleglinge, die spezielle Bedürfnisse haben, denen Beachtung geschenkt werden muß. Tropheus spec. Ilangi.

derheiten bespro-
chen werden, viel-
mehr möchte ich
den Versuch unter-
nehmen, einen gu-
ten Start bei der
Pflege und Zucht
von Tanganjikasee-
cichliden zu ge-
währleisten.
Ein Wort am An-
fang: Wie Sie sehen
und verstehen wer-
den, liegt der
Schlüssel zum Er-
folg bei der Pflege

den- allgemeine „Pflege-Rezepturen"
verschreiben. Nichtsdestotrotz möchte
ich Ihnen mit diesem kleinen Buch
einen Ratgeber an die Hand geben, der
für Sie der Einstieg in das Abenteuer
„Tanganjikaseecichliden" sein soll. Aus
Platzgründen können nicht alle Beson-

von Tanganjikaseecichliden in der genau-
en Kenntnis der Biotop-Verhältnisse und
den daraus resultierenden Besonderheiten bezüglich Verhalten und Hälterung.
Sie halten den Schlüssel selbst in der
Hand!

DIE VIELEN „GESICHTER" DER FORTPFLANZUNG

Das Fortpflanzungsverhalten als Teil des Sozialverhaltens ist das Interessanteste, was Tanganjikaseecichliden zu bieten haben. Dies ist wahrlich eine Menge! Alle Buntbarsche betreiben Brutpflege, Tanganjikaseecichliden machen da keine Ausnahme. Die ursprünglichste Form sich fortzupflanzen, besteht bei Buntbarschen in der Form des „Substratbrütens". Jene Vertreter suchen einen ungeschützten Platz, der sich zur Eiablage eignet und den die Eltern energisch verteidigen. Obwohl es noch einfachere Techniken bei anderen Fischen gibt, die ihre Geschlechtsprodukte einfach unkontrolliert ins Wasser abgeben, gilt diese

Art des Ablaichens auf einer ungeschützten Unterlage als primitivste und für die Jungen gefährlichste Fortpflanzungsform bei Cichliden. Die Eltern versorgen zwar Eier und Jungfische,

doch kann deren Schutz nie optimal sein. Daraus resultieren auch die üblicherweise großen Gelege. Mit viel Aufwand zu zweit eine Menge befruchteter Eier zu produzieren, damit am Ende ein bißchen übrigbleibt, so kann die Maxime der Substratbrüter umschrieben werden. Im Tanganjikasee gibt es nur ganz wenige echte Substratbrüter. *Boulengerochromis microlepis,* der bereits erwähnte größte Cichlide weltweit, ist der bekannteste, endemische Fall eines Substratlaichers. Der nächste logische Schritt, den die Evolution vorantrieb, bedeutete eine Menge Vorteile und Veränderungen: Das Brüten in Verstecken. Den Laich in einer Höhle oder einem anderen sicheren Ort unterzubringen ist selbstverständlich weitaus eleganter. Das versteckt sitzende Gelege wird so kaum von Räubern entdeckt und trotzdem energisch verteidigt. Besonders reizvoll und ganz einfach läßt sich das Höhlenbrüten an den überaus populären *Julidochromis-* und (*Neo-)Lamprologus*-Arten beobachten. Diese Vertreter kann man als Anfängerfische empfehlen, und sie fesseln spätestens bei der Brutpflege jeden Besitzer. So legen *Julidochromis*-Arten kopfüber meist grünfarbige Eier an die Höhlendecke, was man als Beobachter selten mitbekommt. Oft werden erst die fertig entwickelten Jungfische entdeckt. Verfolgt man dieses Geschehen weiter, kann man zu seinem Erstaunen wenig später wieder neue Jungfische entdecken, wobei die Größeren ihre jüngeren Geschwister durch Revierverteidigung

Die Maulbrutpflege gilt als fortgeschrittenste Brutpflegeform. Das Laichen verläuft bei den meisten Maulbrütern recht ähnlich ab. Wie das aussieht, soll diese Ablaichserie illustrieren. Tropheus spec. „Kachese red".

1

5

2

3 & 4

Eretmodus cyanostictus.

Ganz rechts: Fast alle Grundelbuntbarsche teilen sich die Maulbrutpflege partnerschaftlich auf. Nach etwa zehn Tagen übergibt das Weibchen dem Männchen die Brut.
Tanganicodus irsacae.

mitbetreuen. Die Eltern einiger Arten werden sogar von ihrem Nachwuchs bei der Larvenpflege unterstützt! Dieses auf den ersten Blick uneigennützige Helfertum ist bei Fischen einmalig und wird als Altruismus bezeichnet. Berühmt gemacht hat jenes Verhalten einer der bekanntesten Tanganjikaseecichliden überhaupt, die „Prinzessin von Burundi", *Neolamprologus brichardi*. Eine recht große Gruppe kleinbleibender Tanganjikaseecichliden (z. B. der bekannte *Lamprologus ocellatus*) bevorzugt interessanterweise einen noch ausgefalleneren Fortpflanzungsort: Leere Schneckenhäuser! Allerdings führte der Weg in Richtung Höhlenbrüter zu „unromantischen" Nebenerscheinungen. War bislang ein fester Zusammenhalt zwischen beiden Geschlechtspartnern erforderlich, so führte das versteckte Brüten auf lange Sicht zwangsläufig zu einer Arbeitsteilung. Ein Partner, zu-

meist das Weibchen, übernahm die Betreuung des Geleges, während das Männchen das Revier vor Eindringlingen absicherte. Die partnerschaftliche Verbundenheit ließ nach, und es begannen sich auch aufgrund der Spezialisierung körperliche Merkmalsunterschiede auszubilden. Damit erkannten sich potentielle Fortpflanzungspartner schneller, und das vorbereitende Zeremoniell wurde kürzer. Es ist aus Sicht der Vermehrung effektiver, wenn ein Männchen seine vergleichsweise geringe Investition, das Sperma, gleich an mehrere Weibchen weitergeben kann. Die daraus entstandenen Strukturen werden Harems genannt. Die Evolution ging aber noch einen fast unglaublichen Schritt weiter. War der Laich bereits im Höhlendach gut untergebracht, so ist die „Erfindung" der „Mundhöhlenschwangerschaft" die genialste Lösung. Einen sichereren Platz als im Körper eines Fischs - und wo sonst als im Maul - kann es kaum geben. Diese Spezialisierung ist eine nahezu perfekte Anpassung. Derart brutpflegende Fische betreuen ihren Nachwuchs weit über deren Schlupf hinaus und entlassen diesen erst an sicheren Orten und zu einer Zeit, wenn die Jungfische ihren Dottervorrat aufgezehrt haben. Schützend nimmt die Mutter den Nachwuchs bei jeder Störung wieder in den Kehlsack. Manche Weibchen fressen sogar während der Zeit ihrer Maulbrutpflege. Viele Jungfische nehmen bereits im Maul der Mutter eingeschwemmte Nahrungspartikel auf. Bei einigen Maul-

brütern (*Cyprichromis*-Arten) ist die Haut des Kehlsacks derart durchsichtig, daß die darin umherpurzelnden Jungen wahrscheinlich schon Beobachtungen machen und Erfahrungen sammeln können. Der folgenreiche Schritt zur Maulbrutpflege erscheint verständlicher, wenn man bedenkt, daß bereits bei substratbrütenden Arten eine Pflege mit dem Maul stattfindet: Eier werden mit dem Maul aussortiert, Larven transportiert und entflohene Jungfische wieder einquartiert. Selbstverständlich ist im Kehlsack des Weibchens der Platz begrenzt, und so nahm die Eimenge drastisch ab. Dafür konn-

Tanganjikasee-cichliden besitzen ein so vielfältiges Verhalten, nicht nur im Bereich der Fortpflanzung, daß der beobachtende Aquarianer sicher noch einige Überraschungen erleben wird. Enantiopus melanogenys.

Selten sind bei Tanganjikasee-cichliden deutliche Afterflossenflecke als Eiattrappen ausgeprägt. Astatoreochromis cf. vanderhorsti.

Bei den bekannten Fadenmaulbrütern liegen die Eiflecken auf den verlängerten Enden der Bauchflossen. Opthalmotilapia nasuta.

ten es sich die Fische leisten, größere Eier zu entwickeln. Ein größeres Ei bedeutet mehr Dottervorrat und einen gewaltigen Vorsprung für die kräftigeren Larven, die dann bereits größeres Futter bewältigen können und widerstandsfähiger sind. So schrumpfte die Gelegemenge immer mehr zusammen, die Eier wurden immer größer und die daraus schlüpfenden Jungfische immer kräftiger. Es ist bei dieser Art der Brutpflege nicht unbedingt notwendig, daß beide Partner den Laich betreuen. Aus Sicht des Fortpflanzungserfolgs ist es vorteilhafter, wenn nur das Weibchen die Pflege übernimmt und das Männ-

chen weiter der Vermehrung nachgeht. Dies bedeutete auch das Ende der Einehe und das Ende jeder Art der Verbundenheit, die über den Fortpflanzungsakt hinausgeht. So lassen sich bei unseren Tanganjikaseecichliden viele Beispiele finden, die dies dokumentieren und den Übergang plastisch gestalten. Besonders interessant sind in diesem Zusammenhang Vertreter der populären Grundelbuntbarsche, bei denen sich innerhalb eines kleinen Verwandtschaftskreises gleich mehrere Übergänge finden lassen. So teilt sich z. B. beim bekannten Tanganjika-Clown, *Eretmodus cyanostictus,* die Brutpflege zwischen beiden Partnern auf und nach der Hälfte der Zeit erfolgt die Larvenübergabe vom Weibchen an das Männchen. Im Zuge der Entwicklung in Richtung Maulbrutpflege kam es zu Erscheinungen, die noch heute phänomenal anmuten. Um die Befruchtung der Eier bei dem recht kurzen Geschlechtsakt der Maulbrüter zu gewährleisten, tragen auch viele Tanganjikaseecichliden eiähnliche Flecken in der Afterflosse. Sie dienten ursprünglich dazu, daß sich das Weibchen während des Laichens auf diese optische Attrappe konzentriert und das Männchen zielsicher sein Sperma in Richtung Maul des Weibchens

abgeben kann. Bildlich gesprochen „meint" das Tier, daß diese Eier noch eingesammelt werden müssen und schnappt instinktiv nach der gespreizt präsentierten Afterflosse in Richtung Genitalpapille. Biologisch nennt sich dieses Phänomen innerartliche Mimikry oder Auto-Mimese. Allerdings sind diese Eiattrappen bei Tanganjikaseecichliden selten so deutlich und klassisch ausgebildet wie bei vielen Malawiseecichliden, die deshalb berühmt wurden. Dafür schwimmen nur im Tanganjikasee Vertreter (*Ophthalmotilapia*-Arten), deren Eiflecke raffinierterweise auf den verlängerten Enden der Bauchflossen liegen. Den vorläufig letzten Schritt in Richtung der perfekten Brutpflege gingen die bekannten Kärpflingscichliden: Um den gefährlichen Ablaichprozeß der Maulbrüter zeitlich zu verkürzen und den Vorgang von Substraten unabhängig werden zu lassen, entstanden Fortpflanzungstechniken, bei denen die Cichliden (z. B. *Cyprichromis leptoso-*

ma) einfach im freien Wasser laichen konnten.

Es ist überaus erstaunlich, an wie vielen Orten auf der Welt sich unabhängig voneinander das Maulbrüten entwickelt hat und faszinierend anzuschauen, welche unterschiedlichen Fortpflanzungsvarianten bei unseren Tanganjikaseecichliden existieren. Nirgendwo sonst auf der Welt kann man eine derartige Vielfalt entdecken, und nur hier kann man den Werdegang der Brutpflege anhand lebender Vertreter und „Verhaltensfossilien" zurückverfolgen. Die im Gegensatz zum Malawisee auffallend große Anzahl höhlenbrütender Cichliden-Arten läßt sich wahrscheinlich aus der anderen Geschichte des Tanganjikasees und seiner früheren Anbindung an das Zairebecken mit den dort vorherrschenden Substratbrütern erklären. Im geröllreichen Litoral des Tanganjikasees finden Versteckbrüter ideale Bedingungen, und anscheinend ist der Selektionsdruck in Richtung Maulbrutpflege nicht derart groß wie im benachbarten Malawisee.

Vornehmlich Aquarianer entdeckten bei der Pflege die unterschiedlichsten Brutpflegemuster, deren Kenntnis zur erfolgreichen Haltung und Zucht unentbehrlich sind. Dabei wurden viele Arten noch nie oder nur sporadisch per Zufall vermehrt. Es bleiben noch viele Geheimnisse und Rätsel offen, denen Sie als neugieriger Aquarianer im eigenen Aquarium nachgehen können.

Gehen Sie auf Endeckungsreise!

Obwohl Tanganjikaseecichliden sehr unterschiedliche Ansprüche stellen, lassen sich dennoch allgemeine Richtlinien für den Neuling in puncto „das Aquarium" formulieren und ein einfacher Weg durch den Produktdschungel aufzeigen. Haben Sie sich einmal für den Besatz und damit die entsprechende Aquariengröße entschieden, müssen Sie einen geeigneten Standort für das Glasbecken finden. Dabei erwerben die meisten „Beginner" eine komplette Kombination, bestehend aus einem Aquarienunterschrank, einer passenden Abdeckung und dem eigentlichen Glaskörper. Diese fertigen Anlagen werden in unterschiedlichen Farben bzw.

Holzarten angeboten und sind ein eleganter Einstieg ohne eigene Basteleien. Sie haben vor der Bezahlung nur noch ein Problem: Wohin am besten damit? Ungünstige Standorte in der Wohnung sind immer Fenster-, Heizungs- oder Türbereiche. Bedenken Sie auch die Belastung der Zimmerdecke durch den Kies plus dem Eigengewicht der Aquarienkombination. Erst bei Aquarien mit mehr als einer Tonne Gewicht, muß man sich ernsthafte Gedanken um die Belastbarkeit der Zimmerdecke machen. Unebenheiten des Bodens sind gegebenenfalles auszugleichen. Soviel Zeit muß sein. Zur Not oder bei Unsicherheiten sollten Sie

Lochgestein ist ein überaus dekoratives Einrichtungsmaterial, welches gut zu den Pflanzen und der blauen Rückwand kontrastiert.

einen Statiker bzw. Bauingenieur befragen. Empfehlenswert ist immer - für den Fall der Fälle - der Abschluß einer Hausratversicherung, die auch den eigenen Schaden abdeckt. Aber bitte haben Sie keine Angst, „tickende Zeitbomben" sind die heutigen Aquarien schon lange nicht mehr. Dank des wun-

Tanganjikasee-aquarien können bei entsprechender Einrichtung ein reizvoller Wohnzimmerschmuck sein.

Trotz aller Technik und schöner Dekoration sollten die Bewohner immer der eigentliche Blickfang sein.

*Tanganjikasee-
cichliden ent-
schädigen für
fehlende Far-
ben mit außer-
gewöhnlichen
Körper- und
Lebensformen.
Dazu zählt bei-
spielsweise die
Gruppe soge-
nannter
Schnecken-
cichliden.*

derbaren Silikonklebers lassen sich mit hochwertigem Glas entsprechender Stärke die passenden Behälter für die uns in allen Belangen ausgelieferten Pfleglinge bauen. Unter jenen Glasfaquarien genießen die mit schwarzem Silikon verklebten den besten Ruf. Nach dieser Grundsatzentscheidung und der Wahl des passenden Aquariums (Platzangebot daheim & Raumanspruch der Fische) muß man nun den „Innereien" des Aquariums seine Aufmerksamkeit schenken. Beginnen wir mit einem Ausstattungsstück, welches unter jedes Aquarium gehört und lebensverlängernde Wirkung besitzt: eine Unterlegmatte. Diese kann aus altem Teppich-

boden, Styropor oder den handelsüblichen Softmatten bestehen. Alle dienen dem gleichen Zweck, Punktbelastung auf der Bodenplatte durch Sandkörnchen o. ä. zu verhindern. Diese Pufferzone verhindert einen dadurch bedingten Sprung im Lebensnerv eines jeden Aquariums: der empfindlichen Bodenplatte. Erst jetzt werden Sie gestalterisch richtig aktiv. Die Suche nach einer passenden Rückwand, welche für die Insassen als auch für uns menschlichen Betrachter sehr attraktiv sein kann, ist vor allem eine Frage des Geschmacks. Bedenken Sie bitte, daß sich einige Modelle schlecht wieder entfernen lassen und man deren Anblick jahrelang ertragen muß. Die einfachste und aus meiner Sicht leider auch häufigste Lösung, ist das einfallslose Dahinterkleben von kunterbunten Posterrückwänden - aber jeder nach seinem Geschmack! Eine attraktive Bereicherung des bislang eintönigen Postersortiments bilden die neuen japanischen Fotorückwande mit einer fantastischen Steinkulisse. Auffällig wirken einfarbige Folien (d-c-fix o. ä.), die ebenfalls von außen auf die Rückscheibe geklebt werden und eine sehr preiswerte Ideallösung sein können. Nach meinen Erfahrungen wirken hierbei Blautöne am natürlichsten, optisch vertiefend und stark kontrastierend. Findige Aquarianer basteln sich ein sogenanntes Trockendiorama hinter das Aquarium, so daß eine große Unter-

wasserlandschaft vorgetäuscht wird. Auch für das Innere des Aquariums gibt es verschiedene Varianten. Styropor läßt sich wunderbar bearbeiten und gestalten. Der Handel bietet fertige Rückwände an, die man dahinter stellen oder hinein kleben kann. Viele Reliefrückwände und Keramikartikel existieren auf dem Markt, suchen Sie sich von dem reichhaltigen Angebot das Passende aus, und denken Sie dabei nicht nur an sich sondern auch an die späteren Bewohner der künstlichen Behausung. Nach dem Hintergrund wenden wir uns dem Bodengrund zu. Hier ließe sich viel, wenn auch nie alles sagen. Die Palette reicht von Glasmurmeln bis zu kindskopfgroßen Findlingen. Die Farbe des Untergrunds ist hierbei nicht nur Geschmacksache, vielmehr eine Frage der optischen Wirkung. Pauschal läßt sich der gängige, sandfarben helle Quarzkies empfehlen. Worin sich die meisten täuschen, ist die benötigte Kiesmenge, meist wird zu wenig veranschlagt. Der Bodengrund bietet nicht nur den Pflanzen Halt, sondern er ist auch ein riesiges Substrat für Bakterien, auf die wir noch zu sprechen kommen. Weder ganz grober Kies, noch ganz feiner Sand sind für Aquarien geeignet. Bei großen Steinen fallen alle Futterreste etc. zwischen die vielen Spalten und beginnen zu verwesen, bei ganz feinem Untergrund kann zu wenig Wasser den Boden und die darin steckenden Pflanzenwurzeln umfliessen, so daß der Kies dann zu faulen beginnt. Bei kleineren Körnungen (1-3mm) wird man wenig verkehrt machen. Anders sieht es da schon mit der richtigen Beleuchtung aus. Komplettaquarien verfügen über fertige Abdeckungen mit spritzwassergeschützten Einbauleuchten, welche im Regelfall nur für zwei Röhren gedacht sind. Natürlich kann man die Anzahl der Leuchtkörper aufrüsten, insofern die Abdeckung noch Platz dafür bietet. Die meisten Aquarianer werden und müssen sich damit zufrieden geben. Ich plädiere bei Tanganjikaseecichliden für reichlich Licht von oben, welches diese herrlichen und zumeist lichtverwöhnten Buntbarsche erst richtig zum Leuchten bringt. Verfügt Ihre Aquarienabdeckung über zwei Leuchtstofflampenhalter, empfehle ich die Kombination von Röhren der Typen „Daylight" und „Grolux". Die tageslichtweiße Leuchtstoffröhre empfindet man als sehr hell und leicht blaustichig, die andere sogenannte „Pflanzenlampe" bietet dem Betrachter ein violettes Lichtspiel. Die Kombination beider Farbtöne hat sich in meiner Praxis als optisch besonders ansprechend herausgestellt. Die „Grolux" liefert den Hauch Sonnenschein, den die „kalte Weiße" nicht bieten kann. Dabei erweist sich die „Gro-Lux" als vorderste im Lampenkasten besser als hinten, wo deren Wirkung für den Betrachter verlorengeht und nicht der gelungene Farbmix entsteht, der natürlich auch Pflanzen wachsen läßt. Sinnvolles Zubehör ist eine Zeitschaltuhr, mit der die gewünschte Leuchtdauer, 12 bis 14 Stunden, automatisch gere-

Das Bild zeigt ein 200l-Jung-fischaquarium, in dem sich der Nachwuchs von verschiede-nen Tanganji-kaseecichliden befindet. Als Dekoration die-nen rote Kunst-stoffsteine und eine künstliche Rückwand aus dem Fachhan-del, sowie Anu-bias.

gelt wird. Im Zusammenhang mit der Beleuchtung steht auch die Frage nach den Abdeckscheiben. Bei den heutigen abgeschlossenen Aquarienabdeckun-gen verlieren diese Scheiben ihre Berechtigung. Kondenswasser tropft an den Abdeckungen ab und gelangt wie-der ins Aquarium, selbstmordgefähr-dete Fische prallen an der harten Pla-stikverschalung ab und fallen ins Was-ser zurück. Nachdem auch diese wich-tige Frage geklärt ist, muß man sich der weiteren Aquarientechnik zuwenden. Alle Aquarien müssen zumindest zeit-weise beheizt werden. Wassertempe-raturen von über 25°C lassen sich nicht durch akzeptable Wohnungswärme erreichen. Hierbei hilft Ihnen ein Aqua-rien-Heizstab (Wattzahl:Wasservolu-men = 1:2). Besonders zu empfehlen und mittlerweile fast Standard sind Regelheizer, an denen sich der gewünschte Temperaturwert einstellen läßt. Diese Geräte verfügen weiterhin über einen sinnvollen Trockenlauf-schutz. Dennoch sollten Sie den Stecker des Heizers bei allen anfallenden Tätig-keiten im Aquarium aus der Steckdose ziehen. Nicht ganz so leicht fällt die Wahl eines geeigneten Filtermodells - zumindest auf den ersten Blick. Ent-scheidend ist natürlich das Volumen Ihres Aquariums. Nach meinen Erfah-rungen mit vielen Systemen bewähren sich Innenfilter bei Aquarien bis zu einer Kantenlänge von maximal 80cm. Alle Aquarien, die größer und volu-minöser sind (> 100L), benötigen zum guten Funktionieren einen der soge-

nannten Außenfilter. Gemeint sind in beiden Fällen motorbetriebene Pum-penmodelle, die in zahlreichen Ab-wandlungen existieren. Elektrische Innenfilter fangen mit Hilfe einer Schaumstoffpatrone Schwebstoffe aus dem Wasser und funktionieren gut als mechanischer Grobfilter. Ihre Reini-gung muß in aller Regel wöchentlich durch das Ausspülen der Filter-schwämme erfolgen. Die Sache ist denkbar einfach und äußerst praktisch. Die Installation beschränkt sich im all-gemeinen auf die Befestigung mit Hilfe

den leider notwendigen, häßlichen Schläuchen wird er mit dem Aquarium verbunden. Seine Installation und Wartung ist nicht immer ganz unproblematisch. Dafür können und müssen Sie sich mit der Reinigung mehr Zeit lassen. Für diese wenigen Male im Jahr (5-10 mal) sollten Sie sich die äußerst praktischen Schnelltrennkupplungen leisten, die als Zubehör erhältlich sind und das Abtrennen „Filter von Aquarium" wesentlich erleichtern. Das Geheimnis des Erfolgs besteht in den zur Filterung benötigten Substraten, der Innenausstattung sozusagen, ein Extra versteht sich. Das Aquarienwasser wird hier nicht durch eine einzige Patrone gesäubert, sondern durch eine Vielzahl unterschiedlicher Filtermassen hindurchgesogen. Lassen Sie sich zu dem gewünschten Modell die passenden Filtermedien zeigen. Nur einen Rat sollten Sie noch befolgen: Verwenden Sie nicht dauerhaft Aktivkohle (muß nicht sein) und große Mengen feiner Filterwatte (ist nicht gut, führt vorzeitig zur Verstopfung). Die Filterleistung muß natürlich auf die Aquariengröße abgestimmt sein. Mittlerweile haben auch die zahlreichen Anbieter gelernt, daß einiges an Leistung durch Schlauchknicke, verschmutzte Filtermassen etc. im wahrsten Sinne auf der Strecke bleibt. Das Wasser Ihres Aquariums sollte den Filter zwei bis dreimal in der Stunde durchlaufen, erst dann ist er den Anforderungen gewachsen. Nicht verzichten sollten Sie gerade bei Tanganjikaseecichliden auf die Inbetriebnahme eines

von Gummisaugern an einer Aquarienwand. Optimal ist die Ausrichtung der Auslauföffnung in Richtung Oberfläche, so daß eine gewisse Strömung erzeugt wird. Bei den Außenfiltern ist die Sache etwas komplexer. Erst bei diesen Modellen werden erhebliche Preisunterschiede deutlich, die nicht immer etwas mit der Qualität bzw. Funktionalität zu tun haben müssen. Sie bestehen generell aus einem Plastikbehälter (Topf) mit daraufsitzendem Motor (Deckel). Der Filter befindet sich dabei komplett außerhalb des Aquariums. Mit

DAS AQUARIUM

Die beliebtesten Pflanzenarten eines Cichlidenliebhabers sind afrikanische Speerblätter aus der Gattung Anubias.

zusätzlichen Durchlüfters. Das einfache System ist etwas völlig anderes und besteht nur aus einer Membranpumpe, ein bißchen Schlauch und einem Sprudelstein Ihrer Wahl. Allerdings machen alle Geräte ein gewisses Geräusch, welches gewöhnungsbedürftig sein kann (Aquarianer-Profis wachen nachts auf, wenn das Geräusch verstummt!) und durch eine Unterlage (Schaumstoff o. ä.) ein wenig aufgefangen wird. Die Pumpe muß immer außerhalb des Aquariums und nach Möglichkeit oberhalb des Wasserstands angebracht werden. Sollte dies nicht möglich sein, so empfiehlt sich das Dazwischensetzen eines Rückschlagventils, welches bei Stromausfall ein Zurücklaufen von Wasser (anstelle Luft) in die Pumpe verhindert. Erst jetzt fängt für viele Aquarianer der eigentliche Teil an: das Einrichten. Der Handel (oder so manche Baustelle) bietet herrliches Dekorationsmaterial für so viele unterschiedliche Aquarien, wie man sie nie aufstellen kann. Bedenken Sie bitte immer die Belastung, welche die Bodenscheibe ertragen muß. Abhilfe schaffen bei schweren Steindekorationen Styroporplatten, die man entweder gleich mit Silikon auf der Bodenscheibe festklebt oder gezielt unter entsprechend gewichtige Stücke legt. Styropor hat allerdings einen ungeheuren Auftrieb, so daß beim Anheben der Dekoration die Platten, insofern nicht festgeklebt, nach oben schnellen… Das Einbringen von Dekorationsgegenständen ist sehr wichtig, weil gerade unsere Tanganjikaseecichliden ein verstecktes Leben lieben. Höhlen aus Ton und Keramik, umgedrehte Blumentöpfe mit Einschlupfloch, Kokosnußschalen oder einfach übereinander gelegte Platten, Röhren, Ziegelsteine u. v. m. dienen daher als Unterschlupf für unterdrückte Tiere, als Bruthöhle oder

Laichplatz vieler Cichlidenpaare und als Marksteine für die Reviergrenzen. Schauen Sie sich andere Aquarien auf Ausstellungen, bei Händlern oder Aquarianern an und nehmen Sie Anregungen mit, wie Sie Ihr eigenes Aquarium dekorieren möchten. Das „Womit?" ist dabei ein geringeres Problem. Verschiedenfarbige Schieferplatten, „Regenbogensteine", Lochgestein u. v. m. sind bevorzugte Materialien. Traumhafte Wurzeln sind leider nicht die richtige Wahl, weil sie das Wasser ansäuern. Engen Sie den Fischen aber deren Schwimmraum nicht zu sehr ein und halten Sie Platz für Pflanzen frei. Bei der Bepflanzung sollte das Aquarium gedanklich in Vorder-, Mittel- und Hintergrund untergliedert werden. Sie werden dabei schnell merken, wie wichtig Tiefe zum Dekorieren ist und erst ab 40 Zentimetern macht dies richtig Spaß. Für jeden der drei genannten Bereiche gibt es geeignete Pflanzenarten, auch wenn diese nicht immer aus Afrika

stammen, was Sie nicht stören soll. Meine Aquarien bestücke ich im Vordergrund mit kleiner bleibenden Wasserkelchen (*Cryptocoryne*), in der Mitte mit kräftigen Amazonas-Schwertpflanzen (*Echinodorus*) und Wasserfarnen (*Ceratopteris*), im Hintergrund mit hohen, langblättrigen *Cryptocorynen*. Auf das von mir häufig verwendete Lochgestein siedele ich Afrikanische Speerblätter (*Anubias*), Java- (*Microsorium*) oder den Wasserfarn (*Bolbitis*) an. Die Auswahl ist nicht nur deshalb so mager, weil diese Lieblingspflanzen von mir sind, sondern weil sich Tanganjikaseecichliden zum Teil am Blattgrün vergreifen. Viele Versteckbrüter lassen sich aber in herrlichen „Pflanzenaquarien" halten, ohne Schaden anzurichten. Pflanzen dienen keineswegs nur der Dekoration oder als wohltuender Augenschmaus. In jedes gesunde, gut funktionierende Aquarium gehören von Anfang an und nicht zu wenige, natürliche Pflanzen.

ZUSAMMENFASSUNG

✓ Sie wollen Aquarianer werden und benötigen zum „Ausleben" dieses Bedürfnisses geeignete Behälter.

✓ Sie sind sich der Verantwortung für alle zukünftigen Aquarieninsassen bewußt und möchten interessante Pfleglinge beobachten.

✓ Sie haben die richtige Wahl getroffen und sich für Tanganjikaseecichliden (und dieses Buch) entschieden.

✓ Sie besitzen vor Ort geeignete Wasserverhältnisse (> 10°dGH, > pH 7).

✓ Kritisch müssen Sie daheim nach einem geeigneten Standort suchen, der zwar nicht erdbebensicher sein muß, aber zumindest ein Aquarium trägt.

✓ Suchen Sie sich nach Ihren Platzverhältnissen, Wünschen und Ihrem Geldbeutel ein fertiges Komplettaquarium aus.

✓ Prüfen Sie selbst vor Inbetriebnahme jedes Aquarium auf mögliche Lecks und Glasbruch.

✓ Sie sollten jetzt den Hintergrund Ihrer Wahl anbringen.

✓ Gründlich müssen Sie anschließend den Kies feinerer Körnung durchspülen und ins Aquarium einbringen.

Zuvor sollten Sie eventuell Styropor auf der Bodenscheibe zu deren Schutz, diesmal von innen, mit Aquarien-Silikon festkleben.

✓ Bekennen Sie Farbe und entscheiden Sie sich für das richtige Oberlicht.

✓ Heizen Sie dem Aquarium durch den Kauf eines guten Regelheizstabes ein.

✓ Sorgen Sie für klare Verhältnisse und installieren Sie einen für die Beckengröße geeigneten Filter.

✓ Damit weder Ihnen noch Ihren Fischen die Puste ausgeht, sollten Sie prinzipiell einen Sprudelstein mit Hilfe einer Membranpumpe in Betrieb nehmen.

✓ Werden Sie gestalterisch aktiv und formen Sie als Innenarchitekt eine versteckreiche Unterwasserlandschaft.

✓ Integrieren Sie als Unterwassergärtner Pflanzen überall mit ein.

✓ Lesen Sie die folgenden Kapitel weiter, um den Anforderungen gerecht zu werden, welche die Fische an Sie stellen.

Eine gewisse Reihenfolge des Vorgehens ist notwendig, um sein Aquarium möglichst schnell und für möglichst lange Zeit in Betrieb zu nehmen. Es gibt für einen werdenden Aquarianer (und noch viel weniger für „alte Hasen") nichts grausameres, als ein leeres, unbesetztes Aquarium. Üben Sie sich in Geduld! Nachdem Sie alle technischen Voraussetzungen erworben haben, beginnen Sie nach dem Studium der Gebrauchsanweisungen mit den Installationen im Aquarium. Dabei sollten Sie folgendermaßen verfahren:

Haben Sie Glück und alles richtig gemacht, dann sprudelt, schäumt und zischt Ihr Aquarium jetzt. Überprüfen Sie den „Sitz" der Dekoration und der Pflanzen und lassen Sie gegebenenfalls ein wenig Wasser bei starker Trübung wieder ab.
Es gibt wenige Hobbys wie das der Aquaristik, bei dem so viel sinnvolles aber auch unnützes Zubehör existiert. Wir wollen die Glanzlichter besprechen, die eine moderne Hilfe sein können. Empfehlenswert ist nicht nur zum Start sondern bei jedem anstehenden

✓ Aquarienkies im Eimer gründlich spülen und auf der Bodenplatte verteilen. Die Kieshöhe von vorn nach hinten leicht ansteigen lassen (4-7cm).
✓ Abgewaschene Dekorationsgegenstände im Aquarium verteilen.
✓ Pflanzensortiment ohne Bleiringe oder Plastiktöpfe in den Kies einsetzen. Pflanzenwurzeln zuvor stutzen.
✓ Temperiertes Leitungswasser am besten per Schlauch vom Wasserhahn halbvoll einlaufen lassen oder Füllung mit Hilfe eines Eimers. Um nicht zuviel auf- bzw. herauszuwirbeln, legt man unter den Wasserstrahl einen Teller oder Zeitungspapier.
✓ Schließen Sie jetzt Ihr Filtersystem an, und spülen Sie vorher die Filter-

massen oder Schwammpatronen unter fließendem Wasser aus.
✓ Nehmen Sie die Membranpumpe mit Hilfe eines Luftschlauchs und Ausströmersteins in Betrieb, und plazieren Sie letzteren da, wo die Oberfläche Bewegung vertragen kann.
✓ Der Regelheizstab sollte in einer gut umspülten hinteren Aquarienecke angebracht werden. Stellen Sie die Temperatur auf 27°C ein.
✓ Prüfen Sie die Funktion aller technischen Gerätschaften und lassen Sie diese, wenn regelbar, auf voller Leistung laufen.
✓ Füllen Sie erst jetzt das Aquarium richtig auf.

Wasserwechsel der Zusatz eines „Wasseraufbereiters". Diese flüssigen Präparate binden die im Ausgangswasser vorhandenen Metalle und das zugesetzte Chlor, beides in entsprechender Dosis Fischgifte. Sie ummanteln den Fisch förmlich mit einem wirksamen, bewährten Schleimhautschutz. Sehr hilfreich und heutzutage eigentlich unverzichtbar ist der Einsatz sogenannter „Bio-Starter". Diese segensreiche Flüssigkeit impft das sterile Aquarienwasser gleich am ersten Tag mit wichtigen Bakterien. Um dies zu verstehen muß man wissen, daß Bakterien im komplexen System eines Aquariums große Bedeutung haben. Sie sind dafür verantwortlich, daß aller Abfall im Aquarium (Kot, Futter-, Pflanzenteile etc.) möglichst schnell und ungiftig beseitigt wird. Fehlen diese Bakterien, ist der ganze Haushalt gestört, und das Aquarium kann „kippen". Das Problem bei jedem Start ist deshalb, daß zum einen zwar sofort Schadstoffe anfallen, zum anderen aber die Bakterien noch nicht ihren Dienst angetreten haben. Erst langsam siedeln sie sich auf dem Kies und den Filtermedien an. Die Pflanzen werden es ihnen danken, wenn Sie zumindest zu Beginn ein paar Nährstoff-Tabletten oder Laterit-Kugeln spendieren, die in den Kies in Wurzelnähe gedrückt werden. Sinnvoll ist weiterhin die regelmäßige Gabe von Flüssig-Eisendünger, der für die Stabilität des Blattgrüns verantwortlich ist. Es bleibt nicht aus, daß in Ihrem Aquarium zunächst Algen die Oberhand gewinnen. Sie repräsentieren eine Übergangszeit und führen u. a. zu dem Ausspruch, das Aquarium sei noch nicht „eingefahren". Wie lange

Algen, hier Pinselalgen, sind immer Indikatoren für Störungen im Aquarienhaushalt. Es gilt die Ursache zu erkennen und nicht nur Folgen zu bekämpfen.

dies dauern mag, hängt vor allem von Ihrem Fingerspitzengefühl ab. Hier ist auch Geduld am Platze. Seien Sie nicht gleich zu radikal, und greifen Sie nicht sofort zu einem „Algenkiller". Algen, egal welcher Form bzw. Farbe, sind immer nur ein Anzeiger von irgendwelchen Ungleichgewichten im Aquarienhaushalt. Freuen können Sie sich über ein zartes Grün, hinnehmen müssen Sie anfangs ein häßliches Braun, vermeiden sollten Sie faden- oder pinselförmige Algenkulturen. Dabei ist „Algenkunde" nicht immer so kompliziert, wie es auf den ersten Blick aussieht. Folgen Sie den Leitlinien in diesem Buch, dann sollten Ihnen große

Enttäuschungen erspart bleiben. Ist alles vollbracht, gehts immer noch nicht richtig los, das heißt, mit dem Bevölkern des Aquariums mit Fischen sollten Sie trotz alledem warten. Bewährt hat sich das vorzeitige Einsetzen von algenfressenden Welsen, (*Ancistrus*). Ihre Geduld wird während der folgenden Tage auf eine harte Probe gestellt. Nach mindestens einer Woche Wartezeit - richtiges Funktionieren aller Technik vorausgesetzt, dürfen Sie zuschlagen. Bevor wir uns den spannenden Fragen zuwenden „Wer mit Wem?" und „Wer zu Wem?" müssen noch andere Hausaufgaben erledigt werden, sozusagen das tägliche Brot eines Tanganjikaners.

DAS PFLEGE 1X1

Die Pflegeansprüche von Tanganjika-seecichliden lassen sich wie so oft, aber selten so deutlich, aus den Verhältnissen im Biotop ableiten. Der Tanganjikasee ist ein sehr klares, sauerstoffreiches Gewässer mit ganz besonderen chemischen Verhältnissen. So liegt der pH-Wert deutlich im alkalischen Bereich (bis 9!) und die Wasserhärte (gemessen als Karbonathärte = KH und °dGH = Grad deutscher Gesamthärte) erreicht mittlere bis hohe Werte. Die Temperatur liegt selbst in tieferen Bereichen stets über 20° Grad Celsius. Im Wasser sind zahlreiche Mineralien und reichlich Sauerstoff gelöst. Chemische Belastung in Form eines hohen Nitratwerts ist praktisch nicht vorhanden. Tanganjikaseecichliden sind verwöhnt und haben folgende „Schwachstellen":

Sollten bei Ihnen am Ort andere Wasserverhältnisse herrschen (Infos vom Wasseramt), dann müssen Sie leider dem Wasser Chemikalien zufügen und über Marmorstücken oder Korallenbruch filtern. Aber bitte nicht zuviel des „Guten"! Ansonsten müßten Sie das Abenteuer „Tanganjikaseecichliden" im Interesse der Fische leider abbrechen, denn so stark passen sich diese empfindlichen Cichliden auch nach mehreren Generationen im heimischen Wasser nicht an. Für den Start, d. h. den ersten Wochen, ist noch folgendes zu beachten: Der Wasserwechsel! Selbst wenn Sie erst vor wenigen Tagen Ihr Aquarium „frisch" eingerichtet haben (einschließlich Fische) und noch alles so schön sauber aussieht, steht ein Wasseraustausch auf dem Programm. Gera-

DAS PFLEGE 1X1

✓ Alle Tanganjikaseecichliden vertragen keine Wassertemperaturen über 30°C!

✓ Alle reagieren empfindlich auf saure Wasserverhältnisse, d.h. pH-Werte unter 7!

✓ Kein Tanganjikaseecichlide fühlt sich in Altwasser wohl!

✓ Tanganjikaseecichliden leiden als erste unter Sauerstoffmangel!

Daraus ergeben sich entscheidende Konsequenzen für die Aquarienhaltung:

✓ Wöchentlicher Teilwasserwechsel (50%) ist Pflicht!

✓ Wassertemperaturen nie über 30°C ansteigen lassen (Sommer)!

✓ Membranpumpe Tag und Nacht in Betrieb nehmen!

✓ Futtermengen und Fischbesatz nicht überschreiten!

✓ Regelmäßiges Messen folgender chemischer Werte: pH-Wert, dGH und KH, Nitrat, gegebenenfalls einschreiten!

de das, was man in einem Aquarium nicht sieht, ist am gefährlichsten (Nitrate). In jedem Aquarium entstehen gleich von Anfang an Unmengen Abfall durch die Bewohner: Kot, Urin, Futterreste etc. Da die Bakterien, wie bereits besprochen, noch nicht vorhanden bzw. aktiv sind, muß gerade jetzt ein Wasserwechsel erfolgen, um die chemischen Abfallprodukte zu entfernen, ansonsten droht Ihren Fischen Vergiftungsgefahr. Zum Pflege-Einmaleins gehört aber noch mehr: das richtige Futter. Vom allgemeinen Ruf der Buntbarsche, gierige Allesfresser zu sein, die sich über Regenwürmer und Brotkrumen herstürzen, müssen Sie sich bei der Beschäftigung mit Tanganjikaseeecichliden schnell befreien. Selbstverständlich wird von vielen fast alles vertilgt, leider mit üblen Folgeerscheinungen in Form von Verdauungstörungen und Entzündungen, die häufig zum Tode führen. Die meisten Tanganjikaseeecichliden werden in den Aquarien falsch ernährt. Beim Futter kann man prinzipiell fünf Formen unterscheiden:

Lebendfutter

Tiefgefrorenes Lebendfutter

Gefriergetrocknetes Lebendfutter

Trockenfutter in verschiedenen Abwandlungen (Flocken, Tabletten, Granulate, Pellets usw.)

Selbst gezüchtetes Fischfutter (z. B. Enchyträen, Grindalwürmer und Salinenkrebse).

Zum Lebendfutter sei gesagt, daß viele Aquarianer darauf heute ganz verzichten, weil leider die Gefahr einer Krankheitsübertragung nie auszuschließen ist. Die Zeiten, in denen jeder richtige Aquarianer noch mit einem selbstgebauten Kescher „tümpeln" (= die nichtgewerbliche Entnahme von Zooplankton) ging, Aquarianer traf und die ländliche Ruhe genoß, sind wohl schon lange vorbei. Der moderne Großstadt-Aquarianer weiß zwar nicht, wo und wie die begehrten Tierchen gefangen werden, kennt aber gewiß einen gefüllten Tiefkühlschrank im Zoofachgeschäft in seiner Nähe. Ich empfehle Ihnen, die handelsüblichen Mückenlarven und *Tubifex*-Würmer wegen ihrer toxischen Belastung zu meiden und anstelle dessen Frostfutter zu verwenden, wie z. B. *Cyclops,* Daphnien, *Artemia,* Garnelen oder spezielle Mixturen für Tanganjikaseeecichliden. Beim Flockenfutter sollten Sie Markenprodukte bevorzugen und wissen, welche Ernährungsgewohnheiten Ihre Pfleglinge haben. So bieten die Hersteller spezielle Mischungen für Pflanzenfresser, was viele Tanganjikaseeecichliden ja sind, an. In letzter Zeit kommen immer mehr Granulate, Pellets und Sticks auf den Markt. Die unbequeme eigene Futterzucht ist leider aus der Mode gekommen. Einige Aquarianer setzen immerhin bei Jungfischen die Eier des Salinenkrebses, *Artemia salina,* zum Schlupf der begehrten Nauplien an. Bei jenen Futterarten wußte man wenigstens, woher sie kamen. Aber keine Angst, die handels-

Brabantbunt-barsche sind nicht nur empfindliche Pfleglinge, sondern auch innerartlich überaus aggressive Fische, die in großen Gemeinschaften am Rande des sozialen Stresses gehalten werden müssen.

übliche Palette ist derart umfangreich, daß Ihre Fische weder verhungern müssen noch Mangelerscheinungen zeigen sollten. Füttern Sie aber nie zuviel auf einmal! Zu Boden fallen sollte nichts. Täglich zwei bis fünf kleinere, abwechslungsreiche Portionen tragen zum Wohlbefinden Ihrer Pfleglinge bei. Auch Fastentage tun gut. Zum sicheren Wohlbefinden gehört normalerweise eine Quarantäne neu hinzugesetzter Fische, um einen Ausbruch möglicher Erkrankungen und deren Übertragung auf die Alteingessenen vorzubeugen. Das dafür nötige Aquarium sollte zwar über denselben technischen Standard verfügen, muß aber nicht so groß sein. Die Neuen sollten mindestens zwei Wochen kritisch beobachtet werden, ob sich bei Ihnen Veränderungen zeigen, die auf eine Zierfischkrankheit hindeuten. Selbstverständlich können Tanganjikaseecichliden an allem erkranken, was Sie in speziellen Büchern über Zierfischkrankheiten finden werden. Ich beschränke mich ganz grob auf ein paar wesentliche Dinge. Geben Sie in den ersten Tagen gut auf weiße Pünktchen (=Ichthyophthirius) auf dem Schuppenkleid acht. Zuvor beginnen die Tiere ihr Unbehagen meist durch eingezogene Flossen und Scheuern an Aquariengegenständen anzuzeigen. Diese Pünktchen sind kleine Parasiten, die sich sehr schnell vermeh-

Brabantbunt-barsche sind fast Vegetarier und müssen vorsorglich mit pflanzlicher, ballastreicher Kost ernährt werden. Tropheus spec. „Red Rainbow".

Sandcichliden durchpflügen den (feinen!) Bodengrund nach Freßbarem. Enantiopus melanogenys.

ren und bei zu später Behandlung ihre Opfer fordern. Der Handel bietet unzählige Präparate an, die wirkungsvoll helfen. Um den Prozeß der Heilung zu beschleunigen, empfiehlt sich eine dreitägige Temperaturerhöhung (30°C). Bekommen Sie diese Pünktchen damit nicht in den Griff, dann handelt es sich um die sogenannte Samtkrankheit (= *Oodinium*), ebenfalls durch feine weiße Pünktchen charakterisiert. Die notwendigen Gegenmaßnahmen sind etwas langwieriger, kontrollbedürftig und nur mit Kupfersulfatpräparaten in richtiger Dosierung und Anwendung erfolgreich. Allerdings sollten während der Behandlung, was oft vergessen wird, Wasseraufbereitungsmittel auf Grund ihrer (Kupfer) neutralisierenden Wirkung nicht eingesetzt werden. Diese beiden bekannten „Fischseuchen" können Sie sich überall und immer wieder „einschleppen". Bei

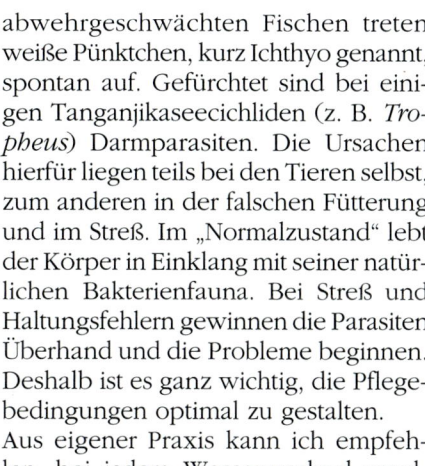

abwehrgeschwächten Fischen treten weiße Pünktchen, kurz Ichthyo genannt, spontan auf. Gefürchtet sind bei einigen Tanganjikaseecichliden (z. B. *Tropheus*) Darmparasiten. Die Ursachen hierfür liegen teils bei den Tieren selbst, zum anderen in der falschen Fütterung und im Streß. Im „Normalzustand" lebt der Körper in Einklang mit seiner natürlichen Bakterienfauna. Bei Streß und Haltungsfehlern gewinnen die Parasiten Überhand und die Probleme beginnen. Deshalb ist es ganz wichtig, die Pflegebedingungen optimal zu gestalten.

Aus eigener Praxis kann ich empfehlen, bei jedem Wasserwechsel regelmäßig Salz, am besten Meersalz, zuzugeben. Rund einen gehäuften Teelöffel auf 50 Liter Wasser. Die Fische fühlen sich danach sichtlich wohler, und das Salz mit seinen wichtigen Elementen ist das erste, einfachste und natürlichste Mittel zum schnelleren Abheilen bei äußeren Verletzungen, wie Bißwunden, leichtem Pilzbefall, schleierartigen Belägen über den Augen und bei Transportschäden. Sollten Ihre Fische dennoch unter Darmparasiten leiden, weil sie vielleicht zum Zeitpunkt des Erwerbs bereits krank waren, dann müssen Sie einschreiten. Neben allgemeiner Appetitlosigkeit und Apathie weisen die betroffenen Exemplare zumeist einen hellen, langen, glasigen Kot auf. Ein immer noch wirkungsvolles Präparat, als Mittel der Wahl, ist Metronidazol, welches unter zahlreichen Bezeichnungen für humane Zwecke vertrieben wird. Ihr Tierarzt kann es Ihren Fischen verschreiben, denn metronidazolhaltige Arzneimittel sind rezeptpflichtig. Mit ähnlichen Symptomen, zunehmender Dunkelfärbung und schleimigweißem Kot, zeichnet sich eine Hexamita-Infektion ab. Bei dubiosen Bauchschwellungen helfen auch ohne Kenntnis der genauen Ursachen Antibiotika.

Zu den optimalen Pflegebedingungen gehören:

✓ der regelmäßige Wasserwechsel

✓ nur aufgetautes Frostfutter verfüttern

✓ das Vermeiden von Überfütterung

✓ die Beachtung der Freßgewohnheiten (Allesfresser, Vegetarier usw.) und eine entsprechende, abwechslungsreiche „Speisekarte"

✓ regelmäßige Vitamingaben

✓ die richtige Besatzdichte in Bezug auf Aquariengröße und Sozialverhalten

✓ Streßvermeidung beim Transport

✓ eine externe Quarantäne

✓ eine regelmäßige Beobachtung und

✓ Prophylaxe.

DER FISCHBESATZ

Bevor die ersten Tanganjikaseecichliden in Ihr Aquarium einziehen, haben bereits *Ancistrus*-Welse oder Saugschmerlen ihren unermüdlichen Kampf gegen Futterreste und Algen begonnen. Weitere Beifische müssen ähnliche Ansprüche wie die Aquariuminsassen stellen und sich natürlich mit denen vertragen. Interessante und teilweise traumhaft schöne Kombinationen ergeben sich mit dem Hinzusetzen einiger Maulbrüter aus dem Malawisee. Können Sie sich ein Aquarium mit jungen Weißpunktbuntbarschen *Tropheus duboisi*, orange-roten *Pseudotropheus estherae* und hellblau leuchtenden Zebra-Buntbarschen *Pseudotropheus callainos* vorstellen? Ein atemberaubender Anblick, da können nur noch Korallenfische mithalten. Von weiteren Gesellschaftern (z. B. Barben, Salmlern usw.) möchte ich abraten, denn das Temperament und die Ansprüche an Wasser und Futter sind oft zu verschieden, als daß weitere Arten ruhigen Gewissens empfohlen werden könnten. Entscheidend für den Besatz ist die Beantwortung folgender Fragen:

Wie groß ist das Aquarium?

Für wieviel Fische bestimmter Arten ist das Aquarium groß genug, um noch deren Ansprüchen gerecht zu werden?

Das letzte Kapitel mit der Vorstellung populärer Tanganjikaseecichliden soll Ihnen eine kleine, repräsentative Auswahl bieten. Erleichterung finden die Entscheidungsunfreudigen in einer Vorstellung bewährter „Tanganjika-Eintopfgerichte". Worauf Sie unabhängig beim Erwerb der Tiere achten sollten, ist die Qualität der Fische, egal, ob diese vom Händler oder Züchter stammen. Mit „Qualität" meint man allgemein bei Fischen eine gute körperliche Verfassung (Kondition).

Was die Tiere vor allem **nicht** zeigen sollten:

Eingefallene Bauchlinien

Dünne Rückenpartien (sog. „Messerrücken")

Große Augen bei kleinem Körper

Verletzungen oder Schwellungen jeder Art

Äußere Parasiten

Freßunlust bei der Vorführung

Unnormaler Kot

Träges Schwimmen

Heftiges Atmen

Da mittlerweile von vielen Arten unzählige Farbschläge (geographische Rassen) bekannt wurden, muß man eine Vermischung vermeiden. Bei zu ähnlichen Arten besteht auch Kreuzungsgefahr, der man aus dem Wege gehen muß. Erwerben Sie zum Anfang am besten immer junge Nachzuchttiere, die nicht kleiner als 3cm sind. Dies mag auf den ersten Blick verwundern, denn von Tanganjikaseecichliden werden viele Wildfänge angeboten. Diese liegen verständlicherweise wesentlich höher im Preis und sind auch etwas heikler. Bei guter Pflege gedeihen Ihre Cichliden zu prächtigen Exemplaren heran, die so manchem Wildfang die Schau stehlen.

Anders sieht es da
schon mit den vieler-
orts deklarierten See-
Nachzuchten aus, die
durchweg empfohlen
werden können. Stür-
zen Sie sich nicht
gleich in den „finanzi-
ellen Ruin", was bei
Tanganjikaseecichli-
den recht schnell pas-
sieren kann. Sparen
Sie sich Ihre Begeiste-
rung im wahrsten
Sinne des Wortes
noch etwas auf. Nur an anderer Stelle
sollten Sie nicht sparen: Bei der jewei-
ligen Stückzahl. Ganz wenige Arten lassen sich sofort nach Männchen und

Petrochromis-
Arten gelten
zu recht als
unverträglich
und sollten
nur in grossen
Gruppen in
Riesenaquari-
en ab 500
Liter gehalten
werden.

Weibchen unterscheiden, so daß man
Tanganjikaseecichliden immer „im
Sack" kauft. Zum anderen kann man
leider erfahrungsgemäß davon ausge-

35

hen, daß statistisch ein Tier aus irgendwelchen Gründen verloren geht. Natürlich sollte man den Fischen eine Auswahl an Geschlechtspartnern anbieten. Bestraft werden diejenigen, die, trotz besseren Wissens, sich nur ein (vermutliches) Paar zulegen, und dann ein Exemplar verlieren. Den fehlenden Geschlechtspartner zu finden und vor allem zu integrieren, ist unter Umständen mehr als schwierig. Unseriöse Händler bieten „Pärchen" von Arten an, bei denen sich Männchen und Weibchen (noch) gar nicht unterscheiden lassen... Der versierte Fachmann hat nach jahrelangem Betrachten den richtigen Blick, spätestens beim objektiven Vergleich der Genitalpapillen. Bei einigen im Harem lebenden Arten ist ein deutlicher Weibchenüberhang erforderlich, was ebenso berücksichtigt werden muß (z.B. *Cyprichromis*-Arten). Andere Vertreter sind innerartlich so aggressiv, daß man sie nur in einer Gruppe von mehreren Exemplaren pflegen kann (z. B. *Tropheus*-Arten). Pauschal kann gesagt werden, daß niemandem auf lange Sicht mit weniger als fünf Fischen geholfen ist. Bei wenigen Ausnahmen sind Sie zur erfolgreichen Haltung zur Pflege von mehr als zehn Individuen gezwungen (z. B. bei *Petrochromis*-Arten).

Kommen wir endlich zur Sache: den Fischen selbst! Beginnen möchte ich mit meinem ganz persönlichen „Tanganjika-Dream-Team" - Zur Nachahmung empfohlen (z. B. in einem Aquarium mit den Maßen 150 x 50 x 50 = 375 l)!

Den unteren Aquarienbereich schmücken dort quirlige Fiederbartwelse der überaus attraktiven Art *Synodontis multipunctatus* (5 Stück).

Die Oberfläche zieren lebhafte Kärpflingscichliden der Art *Cyprichromis leptosoma* (3 Männchen, 7 Weibchen).

Witzig schauen Tanganjika-Clowns, *Eretmodus cyanostictus,* aus dem Lochgestein heraus (1 Paar).

Zwischen den vielen *Anubias*-verwachsenen Spalten ziehen Schlankcichliden, *Julidochromis dickfeldi,* ihre Bahnen (1 Paar).

Auf einer Seite verteidigt ein Pärchen der gelben Prinzessin, *Neolamprologus* spec. „Daffodi"l, energisch sein Revier (1 Paar).

Auf den ersten Blick jedoch fesseln die hektisch-lebhaften Brabantbuntbarsche, *Tropheus* spec. „Kirschfleck", den Betrachter (3 Männchen, 12 Weibchen).

Sie glauben gar nicht, was da alles passiert! Diese Mischung ist überaus interessant, wenn auch sehr subjektiv zusammengestellt und keineswegs übervölkert. Mit etwas Glück beobachten Sie die kleinen „Prinzen" bei der Betreuung ihrer jüngeren Geschwister, die Kärpflingscichliden beim Laichen im freien Wasser, die Clowns bei der Übergabe der Brut von einem Maul ins andere, die Schlankcichliden bei der Abla-

Julidochromis dickfeldi.

Tropheus spec. „Kirschfleck".

ge grüner Eier in das Lochgestein und die Brabantbuntbarsche mit ihrer „Hühnerhofhackordnung" beim Zittern betreffs Über- und Unterlegenheit. Ein Knaller wäre, wenn Sie noch die Kuckuckswelse dabei beobachten könnten, wie sie den flinken *Tropheus* im Aquarium ihre eigenen Eier unterschieben, denn dies hat bisher kaum jemand vor Ihnen gesehen! Summa summarum: Eine Show ganz nach meinem Geschmack, wie sie noch kein Sender im Programm hat!

Mit der Verträglichkeits-Garantie einer Lotto-Ziehung, d. h. ohne Gewähr, möchte ich für den Anfang ein paar Musteraquarien mit handelsüblichen Abmessungen und gängigen Tanganjikaseecichliden bestücken:

Für ein 45l- bzw. 54l Aquarium
• Eine Kolonie *Neolamprologus multifasciatus* (10 Stück)
• oder einige *Lamprologus ocellatus* (5-8 Tiere)

**45 l
(50 x 30 x 30)
oder
54 l
(60 x 30 x 30)**

37

Julidochromis transcriptus „Gombi"

Lamprologus ocellatus.

hinein! Da man, wie so oft, die Geschlechter kaum unterscheiden kann, muß die Anfangsstückzahl höher gewählt werden, so daß die Wahrscheinlichkeit steigt, daß sich mindestens ein Paar herauskristallisiert.

112l
(80 x 35 x 40)

• oder einige *Julidochromis ornatus* (5-8 Jungtiere)
• oder einige *Julidochromis transcriptus* (5-8 Jungfische)
• oder einige *Telmatochromis bifrenatus* (5-8 Exemplare)
Den ersten beiden Arten unbedingt leere Schneckenhäuser als Versteck- und Brutplatz anbieten! Die klein bleibenden Schlankcichliden aus der Gattung *Julidochromis* benötigen andere Verstecke, beispielsweise unter Schiefersteinplatten (Rot sieht toll aus!) oder zwischen Lochgestein. Selbst *Telmatochromis* quetschen sich in Schneckengehäuse

Für ein 112l Aquarium
• Ein Paar *Neolamprologus brichardi* (oder „Daffodil")
und ein Paar *Eretmodus cyanostictus*
und einige *Cyprichromis leptosoma* (3, 5)
Die bekannte „Prinzessin" durchstreift majestätisch ihr Revier und führt Junge verschiedener Größen. Die drolligen Grundelbuntbarsche liegen mal mehr oder weniger eng beisammen und teilen sich die Maulbrutpflege partnerschaftlich auf. Die lebhaften Kärpflingscichliden bevölkern sehr schön den meist unausgenutzten Oberflächenbereich.

• oder einige *Neolamprologus leleupi* (5-8 Exemplare)
und einige *Neolamprologus buescheri* (5-8 Jungtiere)
und einige *Paracyprichromis nigripinnis* „blue neon" (3, 5)
Sehr ansprechend wirkt die Kombination des leuchtend gelb gefärbten Zitronencichliden mit dem Dunklen Büschers-Buntbarsch. Pärchen werden sich finden. Den oberen Bereich nutzen wieder auffällig gefärbte Kärpflingscichliden elegant aus.

Für ein 200l- bzw. 250l Aquarium
Nur 10cm mehr Tiefe bewirken bei gleicher Kantenlänge 50 Liter mehr Volumen! Selbst das Dekorieren geht dann leichter von der Hand.
• Eine Gruppe *Tropheus duboisi* (10 Jungtiere)
und einige *Neolamprologus cylindricus* (5-8 Exemplare)
und einige *Neolamprologus moorii* (5-8 Jungtiere)
und einige *Spathodus erythrodon* (5-8 Tiere)

Cyprichromis leptosoma „Kitumba".

200 l
(100 x 40 x 50)
oder
250l
(100 x 50 x 50)

39

Eine tolle Mischung! Maulbrüter und Höhlenbrüter wieder gemixt. Verlieben Sie sich in die fantastische Jugendzeichnung des Weißpunktbuntbarschs, *Tropheus duboisi,* und beobachten Sie dessen Farbwechsel zum Alterskleid. Kontrastreich wirken der quergestreifte *N. cylindricus* und der jungendlich gelbgefärbte *N. moorii,* welcher ebenfalls einen interessanten Farbwechsel durchlebt. Die blaugetupften Grundelbuntbarsche, *Spathodus erythrodon,* sorgen für eine Belebung des versteckreichen unteren Drittels.

Für ein 240l Aquarium
• Eine Gruppe *Tropheus* spec. „Bemba"
(10-15 Jungfische)
und einige *Julidochromis marlieri*
(5-8 Exemplare)
und ein Paar *Eretmodus cyanostictus*
Kernstück dieses Aquariums bilden die

hektisch-lebhaften Orange-Streifen-Mooriis. Die groß werdenden Schachbrettcichliden, *Julidochromis marlieri,* besiedeln die Nischen, welche die *Tropheus* „übrig lassen". Prima lassen sich hier wieder Grundelbuntbarsche vergesellschaften.
• oder einige *Enantiopus melanogenys*
(5-10 Tiere)
und einige *Cyprichromis leptosoma*
(5, 10)
Für Kenner und Liebhaber dieser speziellen Cichliden eine tolle Mischung: Sand- und Kärpflingscichliden in einem Aquarium. Allerdings stellen Sandcichliden mehr Ansprüche und sind keine Fische für den Anfang. Für sie sind Kärpflingscichliden gute Gesellschafter. Grundvoraussetzung für die Haltung ist eine dünne Schicht Sand, in denen die territorialen Männchen von *Enantiopus melanogenys* ihre Nester bauen.

240 l
(120 x 40 x 50)

Cyprichromis leptosoma

Neolamprologus buescheri.

Neolamprologus cylindricus.

Paracyprichromis nigripinnis „Blue Neon".

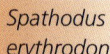

• oder Gruppen von *Simochromis*-Arten (ca. 20 Tiere)

• oder Gruppen von *Oph-thalmotilapia*-Arten (10-15 Jungtiere)

• oder eine Gruppe *Cyphotilapia frontosa* (10 Jungtiere)

375 l
(150 x 50 x 50)

Für ein 375l Aquarium
• Gruppen von *Tropheus*-Arten (ca. 30 Tiere)

• oder Gruppen von kleineren *Petro-chromis*-Arten (ca. 20 Tiere)

Diese Arten-Aquarien können durchaus mit einigen Tanganjika-Höhlenbrütern (z. B. *Julidochromis*-Arten) und einigen Malawi-Maulbrütern (z. B. *Pseudotro-pheus*-Arten) wunderbar kombiniert werden. Allerdings sind die oben genannten Maulbrüter zum einen recht

Tropheus spec.
„Orangefleck".

groß werdend, zum anderen derart innerartlich aggressiv, daß Aquarien unter 1,5 Meter Kantenlänge nicht in Frage kommen.

Wie Sie sehen, ist die Palette derart groß und sind die Variationsmöglichkeiten so vielfältig, daß eine Entscheidung schwer fällt, es aber niemals langweilig wird.

Bald wird auch in Ihnen eine Liebe zu ganz besonderen Tanganjikaseecichliden heranwachsen. Warten Sie es ab und: Um Gottes Willen - wehren Sie sich nicht!

Enantiopus melanogenys.

Petrochromis trewavasae.

Simochromis pleurospilus.

DIE PFLEGE

Haben Sie gut aufgepaßt?

Dann besitzen Sie die Exklusivrechte für einen kleinen Ausschnitt aus Afrikas ältestem See mit seinen außergewöhnlichen Vertretern, die vieles andere langweilig erscheinen lassen.

Seien Sie sicher und gewarnt, hat es einen erst einmal richtig „gepackt", dann lassen einen die Tanganjikaseecichliden nie wieder los.

Folgende Ratschläge möchte ich Ihnen noch auf den Weg geben:

Versuchen Sie immer wieder, den natürlichen Lebensraum zu imitieren und etwas über das Leben im See herauszufinden. Davon leiten sich alle Haltungsbedingungen ab.

Informieren Sie sich vor einer Anschaffung über die speziellen Bedürfnisse Ihrer zukünftigen Pfleglinge.

Lernen Sie - etwas anderes bleibt keinem übrig - die wissenschaftlichen Artbezeichnungen, damit Sie sich gegebenenfalls verständlich machen können. Gerade bei unseren Tanganjikaseecichliden wird, teils aus Eitelkeit, teils aus Mangel an Populärbezeichnungen, viel „Latein" gefaselt.

Gewöhnen müssen Sie sich ebenso an die zungenbrecherischen Fundortbezeichnungen, die verraten, woher die Tiere stammen und deren Namen vergeben werden, sobald mindestens drei Einheimische ein Flecken Erde regelmäßig aufsuchen (so scheint es).

Fangen Sie bei geeigneten Behältern ruhig klein an und, sparen Sie nicht am falschen Fleck, z. B. bei der Technik.

Haben Sie Geduld bei der Entwicklung des Aquariums, einschließlich der Fische.

Seien Sie kritisch bei ungewöhnlichen Veränderungen im Aquarium und an den Fischen selbst.

Suchen Sie bei Störungen im Aquarienhaushalt immer nach den Ursachen und bekämpfen Sie nicht nur deren Symptome.

Lassen Sie sich von Ihrem Zoofachhändler beraten!

Lesen Sie nach und schauen Sie vor allem dem bunten Treiben zu.

Die besprochenen Erfolgspunkte, denen Sie Ihre ganze Aufmerksamkeit schenken müssen, fasse ich nochmal an dieser Stelle zusammen:

✓ Optimale Wasserverhältnisse

✓ Versteckreiche Dekorationen

✓ Harmonisierender Fischbesatz

✓ Artgerechte Fütterung

✓ Wöchentlicher Wasserwechsel

Erleben Sie nun mit Ihren Pfleglingen vor allem freudige Stunden und geben Sie bei traurigen Momenten nicht gleich alles, einschließlich sich selbst, vorschnell auf.

Nachdem es Ihnen nun gelingen sollte, Tanganjikaseecichliden richtig zu pflegen, können Sie sich mit deren Zucht beschäftigen. Manchmal sind da Ihre Pfleglinge schneller als Sie und legen teilweise ungewollt oder frühzeitig eine intensive Beschäftigung mit Geschlechtskumpanen an den Tag. So kann es jedem passieren, daß plötzlich und bislang unbemerkt, Nachwuchs im Aquarium auftaucht.

Dies ist gerade für viele höhlenbrütende Tanganjikaseecichliden typisch, die ein verstecktes Leben führen und sich kaum bemerkbar machen. Bei genauer Beobachtung erkennt man leicht Revierverhältnisse und wer mit wem sympathisiert. Geschlechtsunterschiede sind bei Tanganjika-

Höhlenbrütern manchmal recht schwach ausgebildet und nur schwer erkennbar. Ein sicheres Indiz ist immer das Verhalten: Männchen besitzen einen stärkeren Drang, Reviere zu besetzen und zu verteidigen. Endgültige Klarheit kann (oder auch nicht!) dann nur der Vergleich der Genitalpapillen, z. T. mit Hilfe einer Lupe, bringen. Bei weiblichen Exemplaren ist die Genitalöffnung deutlich größer und näher dem After. Äußerlich sind die Männchen vieler Arten etwas kräftiger gebaut und besitzen spitz auslaufende Flossensäume. Da sich demzufolge Jungtiere erst recht nicht geschlechtlich identifizieren lassen, sollten Sie immer mindestens vier Exemplare erwerben, um die Chance zu wahren, daß sich zumindest ein Paar findet. Die meisten Höhlenbrüter leben in einer Einehe, die nicht so zur Schau gestellt wird wie bei Offenbrütern. Brutvorbereitungen können nicht immer beobachtet werden, aber dem eigentlichen Laichen gehen viele

In einer dichten Bepflanzung finden Jungfische Unterschlupfplätze und sind vor Nachstellungen sicher.

Julidochromis
regani „Kipili".

Aus einem
Jungfisch-
trupp heraus
wird sich bald
ein Paar fin-
den und ein
gemeinsames
Revier beset-
zen.
Julidochromis
transcriptus
„Gombi".

Scheinpaarungen voraus. Ablaichwillige Tiere erkennt man leicht an den hervortretenden Genitalpapillen (= Legeröhren). Allerdings bedarf das Liebesspiel einer gewissen Übung, und so ist es nicht weiter verwunderlich, wenn nicht gleich das erste Gelege zum Schlupf kommt und die Eltern den Laich aus unerfindlichen Gründen wegfressen. Da dies nicht nur einmal, sondern auch mehrfach hintereinander passieren kann, müssen Sie sich in Geduld üben. Auf den Schlupf der Larven, meist aus gelblich-weißen Eiern, die größer als die von Offenbrütern sind, brauchen Sie nicht allzu lange warten. Nach drei Tagen schlüpfen die relativ wenigen Larven, meist unter 100 Stück. Viele Arten laichen in kurzen Abständen mehrfach hintereinander und dulden die Jungen zumeist bis zu deren Geschlechtsreife im eigenen Territorium. Tritt die Geschlechtsreife schon frühzeitig ein, heißt dies also noch lange nicht, daß Sie Ihrem Zoofachhändler bezüglich des anstehenden Nachwuchses Bescheid geben müßten. Die bekanntesten Vertreter der Höhlenbrüter stammen aus der ehemaligen Sammelgattung *Lamprolgus* sowie den Gattungen *Julidochromis*, *Telmatochromis* und *Chalinochromis*. Streben Sie eine gezielte Zucht an, dann sollten Sie ein spezielles Aquarium für nur diese Fische einrichten. Die Bepflanzung kann reichlich vorgenommen werden, denn die Tiere vergreifen sich nicht durch Zupfen oder Buddeln am Grün und finden zwischen dem Blattwerk einen richti-

gen Dschungel, der für unterdrückte Tiere lebensrettend sein kann. Nie sollte man nur ein einziges Pärchen ohne zusätzliche Gesellschafter ins Aquarium setzen. Die Fische benötigen einen „Prügelknaben" zum Abreagieren ihrer Aggressionen. Die gemeinsame Verteidigung eines Revieres und besonders der Brut, stärkt jede Partnerschaft. Kann die aggressive Energie nicht abgelenkt und ausgelebt werden, so stürzt sich regelmäßig das Männchen auf seine bis dahin geliebte Gattin, die ihn aggressiv stimmt, ohne es zu wollen. Verantwortlich dafür sind ausgerechnet typisch männliche Verhaltensweisen, wie aggressives Drohen, Prachtfärbung usw. Beifische können als „Blitzableiter" fungieren und den Hausfrieden retten. Bedenken sollte man allerdings, daß Saugwelse den Fortpflanzungserfolg durch nächtliches Vertilgen des Geleges schmälern können. Nachdem ein Aquarium fertig mit Fischen, Pflanzen und Steinen bestückt ist, sollte man daran möglichst wenig tun und schon gar nichts verändern - Wasserwechsel ausgenommen. Auf Störungen reagieren viele Paare derart hysterisch, daß die Beziehung bricht. Die Ursachen hierfür liegen in der Art der Partnerschaft. Einige Arten verbindet mehr das gemeinsame Revier als die Beziehung an sich, so daß mit der Zerstörung eines Versteckes auch das Paar ver- bzw. zerstört ist. Soweit zum Vorspiel. Den Rest können Sie normalerweise getrost den Fischen selbst überlassen, denn die meisten Tanganjikaseecichliden sind gute

*Einige Höhlen-
brüter laichen
mehrfach hin-
tereinander, so
daß sich im
Aquarium
Jungfische ver-
schiedener
Größe und
Alters
befinden.
Neolamprolo-
gus spec. „Daf-
fodil".*

Eltern und ziehen ihre Jungen selb-
ständig auf. Ihre Aufgabe beschränkt
sich auf die Darreichung spezieller Futterarten und Futtergrößen, so daß die
Jungen, regelmäßiger Wasserwechsel
vorausgesetzt, schnell zu gesunden

Blick in ein turbulentes und einfach gestaltetes Jungfischaquarium.

achten, ob es den Eltern gelingt, sich durchzusetzen und einige Junge großzuziehen. Ist dieses Unterfangen bei üppigem Besatz unmöglich, können Sie einen Teil der Jungfische in ein anderes Aquarium umsetzen. Dies ist, wenn Sie richtig vorgehen, moralisch unbedenklich. Versuchen Sie einen Teil der Jungfische mit Hilfe eines dünnen Luftschlauchs vorsichtig aus dem Aquarium in einen Eimer abzusaugen. Zuvor müssen Sie eine entsprechende Kinderstube vorbereitet und die Wasserverhältnisse selbstverständlich angeglichen haben. Nehmen Sie den Eltern aber nie den ganzen Nachwuchs weg! „Psychische" Brutpflege-Störungen in Form von Laichfressen u. ä. wären unvermeidlich und würden sich wahrscheinlich zukünftig einstellen. Schaffen es die Tiere auf Dauer nicht, überhaupt irgendwelchen Nachwuchs großzuziehen, erst dann könnten Sie noch einen Schritt weiter gehen und die Eier

Fischen heranwachsen. Haben die Höhlenbrüter in einem Gesellschaftsaquarium gelaicht, müssen Sie beob-

künstlich erbrüten. Dies geschieht separat in einem kleinen verdunkelten Aquarium, dem „Kreissaal", unter Zusatz eines Mittels gegen Laichverpilzung. Das Gelege muß natürlich samt Substrat umtransportiert werden. Da die Elterntiere das Gelege regelmäßig durch Befächeln mit Sauerstoff versorgen, muß man die Eier möglichst direkt und sanft belüften. Der dazu erforderliche Sprudelstein wird so plaziert, daß ständig ein Luftstrom am Gelege vorbeizieht. Sind die Eier befruchtet und hält sich der Pilzbefall in Grenzen, haben Sie gute Chancen, Tanganjikaseecichliden „künstlich" aufzuziehen.

Die Besonderheiten der Maulbrüter

Auch wenn Maulbrüter sich gänzlich anders fortpflanzen, können viele Höhlen- und Maulbrüter miteinander vergesellschaftet werden. Das Fortpflanzungsverhalten der Maulbrüter ist komplexer als das der Höhlenbrüter, und es existieren viele Übergänge und Besonderheiten, wie wir bereits am Anfang erfahren haben. Da etliche Maulbrüterarten polygam leben, ist im Aquarium ein deutlicher Weibchenüberhang erforderlich. Insofern die Geschlechter erkennbar sind, muß dies bei der Anschaffung berücksichtigt werden. Ein zu wenig an Weibchen grenzt ansonsten an Vergewaltigung. Aufgrund der territorialen und meist recht aggressiven Männchen sind viele andere Fische zum Ablenken und zum Verteilen der Angriffe, analog maulbrütenden

Malawiseecichliden, notwendig. Das Prinzip der Balz ist ein völlig anderes: Territoriale und immer potente Männchen ringen um die Gunst möglichst vieler Weibchen und laichen mehrfach hintereinander mit unterschiedlichen Geschlechtspartnern ab. Laichbereite

Cyphotilapia frontosa darf bei der Aufzucht in puncto Fütterung nicht zu kurz kommen. Lebhafte Malawiseecichliden sind viel schneller am Futter.

Weibchen kommen nur während der kurzen Phasen der Paarung mit den Männchen intim zusammen. Danach meiden sie wieder den Kontakt und betreiben allein Brutpflege. Die meisten Maulbrüter benötigen zur Eiablage noch ein Substrat in Form von Steinplatten, einige andere benutzen den Bodengrund als Laichplatz. Anders als bei den Höhlenbrütern kann man bei Maulbrütern sehr häufig das Ablaichen selbst beobachten, weil das Werben der Männchen derart auffällig ist. Wenn einem dieses schöne Schauspiel ent-

51

Maulbrütende Weibchen ziehen sich zurück und benötigen dazu Unterschlupfmöglichkeiten. Tropheus duboisi.

geht, kann man später recht leicht maulbrütende Fische, vornehmlich Weibchen, an ihren starken Kaubewegungen erkennen. Nach 20 bis 30 Tagen entlassen die Weibchen ihren vergleichsweise groß gewordenen Nachwuchs, der sich aber verständlicherweise stückzahlmäßig in Grenzen hält. Und wieder bieten sich verschiedene Möglichkeiten der planmäßigen Zucht an. Die natürlichste Variante besteht im nichts-dazu-tun. Hat man den Tieren genügend Versteckplätze geschaffen, in dem Jungtiere relativ sicher vor den Nachstellungen der Aquariuminsassen

aufwachsen können, dann beläßt man es bei der Beobachtung und Gewißheit, daß ein kleiner, erlesener Prozentsatz den Fortbestand sichern wird. Alle Jahre wieder müßten Sie dann die Jungen „abschöpfen", Platz für Nachschub schaffen, um Überbevölkerung zu vermeiden und die Eltern zur Fortpflanzung anzuregen. Desweiteren kann man maulbrütende Weibchen separat in einem „Ablaichbehälter" (für Lebendgebärende Zahnkarpfen in unterschiedlichen Größen im Handel erhältlich) innerhalb des Aquariums unterbringen. Das Muttertier wird am Ende der Brutpflege-periode, nach zwei bis vier Wochen, die Jungen heraus-lassen. Um das Weibchen wie-der zurückzuset-zen, muß man geschickt jenen Moment abpas-sen, in dem alle Jungtiere das Maul der Mutter verlassen haben. Ansonsten flüch-ten die Kleinen schnell wieder in den schützenden Kehlsack. Eine andere Möglichkeit besteht darin, das brutpflegende Tier in ein Extraquarium zu evakuieren, wo die Pflegezeit ruhig und streßfrei ihr Ende finden kann. Weiterhin kann man den Weib-chen die Jungen förmlich aus dem Maul schütteln. Dieses gewaltsame Entfernen sollte aber nicht zur Methode werden. Die künstliche Erbrütung von Eiern ist zwar ebenfalls machbar, aber weit-aus schwieriger, weil man zusätzlich die Kaubewegungen des Weibchens imi-tieren muß. Die Aufzucht der im Ver-gleich zu Höhlenbrütern größeren und robusteren Jungfische ist unproblema-tisch und erfolgt mit *Cyclops,* kleinen Artemien und zerriebenem Trocken-futter.

Als Hilfsmittel (Inkubator) zur künstlichen Erbrütung von Maulbrütergele-gen haben Bast-ler sich einiges einfallen lassen, um die Kaube-wegungen mit einem Wasser-strahl zu imitie-ren.

Besser ist es, daß brutpflegen-de Tier extra zu setzen, wie etwa in einen selbstgebauten Behälter mit Wasser-durchfluß.

Die bekanntesten und handelsüblichen Tanganjikaseecichliden sollen kurz vorgestellt werden, um die Auswahl zu erleichtern und einen repräsentativen Überblick über deren Vielfalt zu geben. Allerdings enthält diese „Hitliste" - wie Sie sehen werden - auch Arten, mit denen man nicht anfangen sollte, die aber in einer Aufstellung nicht fehlen dürfen.

Altolamprologus compressiceps
Nanderbuntbarsch

Der „Nanderbuntbarsch" ist ein ganz auffälliger, weil merkwürdig gestalteter Tanganjikaseecichlide. Die interessanten Fische sind extrem hochrückig von der Gestalt und besitzen ein tiefgespaltenes Maul, was sie schnell als räuberische Art entlarvt. Im See leben sie über felsigem Grund und gehen dank ihres schmalen Körpers in engen Spalten auf Beutefang, vornehmlich kleine Fische und Wirbellose. Deshalb ist im Aquarium Vorsicht geboten. Kleinere Beifische fallen den Raubfischen schnell zum Opfer. Das Aquarium selbst sollte nicht unter 80cm Kantenlänge messen, denn männliche Exemplare können bis 15cm groß und untereinander aggressiv werden. Gegenüber anderen, gleichgroßen Aquariuminsassen verhalten sich Nanderbuntbarsche aber friedlich. Männchen werden deutlich größer als Weibchen, so daß die Körperlänge zumeist ein verläßliches Kriterium für die Unterscheidung der Geschlechter ist. Allerdings sollte man nur jeweils ein Pärchen in ein Tanganjika-Gesellschaftsaquarium setzen. Die Ernährung muß mit kräftigem Futter, z. B. gefrorenen Garnelen u. ä. erfolgen. Als Brutplatz bevorzugen die Tiere auch im Aquarium enge Spalten. Leere Meeresschneckenhäuser haben sich bei der Zucht besonders bewährt.

Das Weibchen preßt sich dort hinein und legt bis zu 300 Eier, die das Männchen befruchtet, sich aber ansonsten wenig für die Brutpflege interessiert und höchstens das Revier sichert. Da die Weibchen auch in der Natur die Brutpflege praktisch allein übernehmen, sollte man Höhlen oder Schneckenhäuser verwenden, in die nur das kleinere Weibchen hineinge-

Altolamprologus compressiceps.

langt. Der Vater ist überaus aggressiv und treibt das Weibchen stark, so daß gerade während der Brutpflege ein sicherer Zufluchtsort für die Mutter und den Nachwuchs vorhanden sein muß. Die Jungfische von *Altolamprologus compressiceps* und dem recht ähnlichen *A. calvus*, dem „Perlhuhncichliden", sind dafür bekannt, daß sie trotz bester Pflege sehr langsam wachsen. Im Zoofachhandel sind die Tiere regelmäßig zu bekommen und werden mittlerweile in verschiedenen Farbformen, die im See beheimatet sind, vertrieben.

Callochromis macrops
Großaugen-Sandcichlide

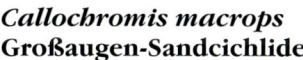

Besonders auffallend sind in der Tat die zwei großen, namensgebenden Augen des bekannten Sandcichliden. Hinzu kommt die Besonderheit, daß sich Männchen und Weibchen deutlich unterscheiden lassen, was bei Tanganjikaseecichliden nicht alle Tage vorkommt. Die Männchen werden etwa 12cm groß und nur sie sind, im Gegensatz zu den silbrigen Weibchen, farbig. Auf der Afterflosse des Männchens liegt ein mehr oder weniger deutlicher Fleck, der als Eiattrappe fungiert.
Im See lebt die Art vornehmlich im flachen Wasser über Sandgrund, wo sie Wirbellose aus dem Boden siebt. Deshalb sollte auch der Aquariengrund aus Sand bestehen. Im Aquarium nehmen die Tiere jegliches Ersatzfutter an.

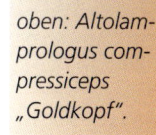

oben: Altolamprologus compressiceps „Goldkopf".

links: „Schnecken-Compressiceps"

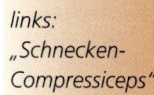

Callochromis macrops „Rot".

Chalinochromis spec. „bifrenatus".

Da die Art, insbesondere die territorialen Männchen, untereinander sehr aggressiv sind, empfiehlt sich die Haltung in einer kleinen Gruppe. Das Aquarium sollte aufgrund der Probleme, die durch innerartliche Aggressivitäten entstehen, mindestens 120cm Kantenlänge besitzen. *Callochromis macrops* bildet keine Bindung zwischen den Geschlechtspartnern aus. Das balzaktive Männchen lockt das Weibchen in eine vorbereitete Mulde, wo das Ablaichen stattfindet. Das Weibchen betreut alleine etwa drei Wochen den Nachwuchs. Die Jungfischanzahl ist recht gering, dafür aber deren Größe erstaunlich. Als Gesellschafter kommen vorrangig Fadenmaulbrüter und weitere Sandcichliden in Frage.

Callochromis macrops existiert in mehreren geographischen Varianten. Die bekannteste Form ist nach wie vor der „Rote Macrops", welcher herrlich gefärbt sein kann.

Chalinochromis brichardi
Maskenbuntbarsch

Die lang gestreckten „Maskenbuntbarsche" mit der auffälligen Kopfzeich-nung und dem dunklen Fleck in der Rückenflosse leben im Tanganjikasee paarweise im Felsenlitoral zwischen den vielen Spalten und ernähren sich dort vor allem von kleinen Schnecken. Obwohl die Fische fast 15cm Körpergröße erreichen können, bleiben sie im Aquarium zumeist deutlich kleiner und erinnern stark an die Schlankcichliden der Gattung *Julidochromis*. Leider kann es im Aquarium, worauf man achten muß, zu ungewollten Kreuzungen zwischen diesen ähnlich aussehenden und sich verhaltenen Cichliden kommen. Bei ausgewachsenen Tieren besitzen nur die Männchen einen leichten Stirnbuckel. Wenn dies deutlich erkennbar ist, würde ein Paar zur Anschaffung genügen, ansonsten wäre man gezwungen, mindestens fünf Jungtiere zu erwerben, um sicher zu sein, daß beide Geschlechter vertreten sind. Das Aquarium sollte mindestens 60cm lang sein. In gemischten Gesellschaften fühlen sich diese Fische wohl. Voraussetzung ist jedoch, daß genügend Versteckplätze für diese typischen Höhlenbrüter vorhanden sind. Als Futter werden *Cyclops* und Trockenfutter bevorzugt, größere Futtertiere können die Maskenbuntbarsche schlecht ergreifen und verdauen. Reichen den Tieren die gebotenen Versteckmöglichkeiten als Ablaichplatz nicht aus, kann man Höhlen verschiedener Art hinzufügen. Das Paar betreibt gemeinsam die Brutpflege und verteidigt intensiv das Revier. Die kleinen Jungfische müssen mit *Artemia*-Nauplien angefüttert werden und wachsen im Revier der Eltern auf. Auf dem Markt sind einige unbeschriebene, interessant und anders gezeichnete Formen, die zum *Chalinochromis*-Komplex gehören. Dazu zählen *C.* spec. „bifrenatus", „ndobhoi" und „popelini". Ähnliches hinsichtlich Pflege und Zucht läßt sich über die verwandte Gattung *Telmatochromis* sagen, deren bekannteste Art, *T. bifrenatus,* häufiger zu sehen ist.

Cyphotilapia frontosa
Tanganjika-Beulenkopf

Die imposanten „Beulenköpfe" leben als Raubfische in tieferen Regionen der Felsenküsten und werden über 30cm groß. Die Männchen unterscheiden sich später recht deutlich von den Weibchen, indem sie einen extremen Stirnbuckel entwickeln, sehr groß werden und lang ausgezogene Flossen besitzen. Farblich sind beide Geschlechter gleichermaßen attraktiv. Trotz ihrer gewaltigen Größe sind die Fische friedlich und zeigen wenig Drang zum Revierbesitz. Dies geht sogar so weit, daß sich ausgewachsene Männchen von viel kleineren, aber temperamentvolleren Arten vertreiben lassen. Bei Jungtieren muß man aufpassen, daß diese in einem Gesellschaftsaquarium nicht zu stark unterdrückt werden. Hektische und sehr lebhafte Tanganjika- oder Malawiseecichliden sind leider keine geeigneten Gesellschafter. Gut sollte man beobachten, ob die Fische genügend Nahrung aufnehmen bzw. überhaupt bekommen. Die Beulenköpfe wachsen

extrem langsam und fressen sehr wenig. Das Aquarium muß trotz der Überlänge der Fische nicht riesengroß sein. Selbst bei einer Kantenlänge von 120cm kann man diese Tanganjikaseecichliden erfolgreich halten. Obwohl den Cichliden Schwimmraum wichtiger ist als Versteckplätze, sollte man dennoch Höhlen als Unterschlupf anbieten. Erwirbt man größere Tiere, muß man auf einen Weibchenüberhang achten, denn die Art ist ein typischer Maulbrüter, bei dem ausschließlich Weibchen die Brutpflege übernehmen. Zur Eiablage bevorzugen die Beulenköpfe den

Cyphotilapia frontosa „Blue Zaire".

Aquariengrund. Selbst beim Balzen und der Paarung werden die Fische nicht lebhaft, das Ablaichen selbst kann selten beobachtet werden. Die Fische scheinen nachts recht aktiv zu sein. Brutpflegende Weibchen können, wie bereits beschrieben, in ein separates Aquarium gesetzt werden, wo sie nach

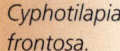

Cyphotilapia frontosa.

knapp vier Wochen durchschnittlich 50 Jungtiere entlassen. Im Handel werden mittlerweile verschiedene Farbformen angeboten, die beträchtliche Preisunterschiede aufweisen. Dabei handelt es sich zumeist um Nachzuchten. Wildfänge sind aufgrund der schwierigen Fangmethoden sehr teuer und spezialisierten Liebhabern vorbehalten. Der vielleicht attraktivste und mit Abstand teuerste *Cyphotilapia frontosa* stammt aus Zaire (blaue Form).

Cyprichromis leptosoma
Kärpflingscichlide
„Kärpflingscichliden" bewohnen im Tanganjikasee das freie Wasser in großen Schwärmen. Dort ernähren sich die für Cichliden so untypisch geformten Ver-

treter von tierischem Plankton, welches sie durch ihr vorstülpbares Maul einsaugen. Die Geschlechter lassen sich deutlich unterscheiden: Die Männchen sind äußerst bunt gefärbt, die Weibchen einfach blaß. Es existieren verschiedene Männchen-Farbmorphen einer Art am gleichen Ort. Die Fische werden rund 10cm groß. Kärpflingscichliden sind typische Maulbrüter, bei dem temperamentvolle Männchen um die Gunst vieler Weibchen ringen und keinerlei Bindung zum Geschlechtspartner aufbauen. Dennoch besitzen sie eine fast einmalige Besonderheit: Die Fische laichen ohne Substrate einfach im freien Wasser ab! Aus der polygamen Lebensweise ergibt sich ein notwendiger Weibchenüberhang für die Aquarienhaltung. Jungtiere kann

Cyprichromis
leptosoma
„Kitumba".

Cyprichromis
leptosoma
„Chipimbi".

man geschlechtlich nicht zuordnen. Erst ab ca. 5cm Körperlänge beginnen die Männchen Farben zu zeigen. Im Verhältnis zu anderen Tanganjikaseecichliden sind die lebhaften Männchen nur mäßig aggressiv und so gelingt auch ohne weiteres die Haltung mehrerer in Aquarien ab 80cm Länge. Beachten muß man allerdings die Springfreudigkeit dieser Fische, weshalb eine Abdeckscheibe unerläßlich ist. Allerdings sind alle Kärpflingscichliden hinsichtlich Fang, Transport und Eingewöhnung recht empfindlich. Unterschiedliche Wasserverhältnisse müssen vor dem Einsetzen langsam angeglichen werden. Bei Unwohlsein klemmen sie alle Flossen zusammen. Ein wenig Salz und ein paar Vitamine schaffen dann Abhilfe. Diese Cichliden sind sehr sauerstoffempfindlich und reagieren als erste bei Luftnot. Temperaturen über 30°C werden nicht vertragen. Kärpflingscichliden benötigen unbedingt Kleinkrebse als Futter. Ideal sind gefrorene Cyclops und lebende Artemia. Cyprichromis sind meine einzigen Tanganjikaseecichliden, die Lebendfutter in Form selbst gefangener Hüpferlinge erhalten. Die Zucht gelingt entweder in gesonderten

59

Xenotilapia fla-vipinnis.

Enantiopus melanogenys.

Cyprichromis-Aquarien mit Versteck-plätzen in Form von Schwimmpflanzen oder durch die Isolation maulbrütender Weibchen im Gesellschaftsaquarium. Nur ruhige und wenig aggressive Arten sind als Beifische geeignet. Der Handel bietet von der bekanntesten Art der Kär-pflingscichliden, *Cyprichromis leptoso-ma,* mehrere geographische Rassen an, wie z. B. die Blue Flash-, Malasa-, Mupu-lungu- oder Kitumba-Variante.

Enantiopus melanogenys
Schwarzkinn-Sandcichlide
Der „Schwarzkinn-Cichlide" ist der bekannteste und vielleicht attraktivste aller sogenannten „Sandcichli-den", die in dieser Auflistung nicht fehlen dürfen. Nur die Männchen zeigen während der Balz ein prächtiges Farbkleid. Im See leben diese besonderen Cichliden über Sandboden und bilden große Kolonien territo-rialer Männchen. Jene bauen Sandnester und balzen die vor-beiziehenden Weibchen an, deren Aussehen schlicht silbrig-gelb ist. Ständig sieben die bodenlebenden, bis 15cm groß werdenden Cichliden den Sand-boden nach Freßbarem durch und stoßen alles hinter den Kie-mendeckeln wieder aus. Das Aquarium für Sandcichliden muß deshalb mit feinem Boden-grund bestückt und mindestens einen Meter lang sein. Ein Weib-chenüberschuß wäre sinnvoll, wenn sich die Geschlechter besser unterscheiden ließen. Pflegt man nur ein männliches Tier mit vielen Weib-chen, dann zeigt dieses nur selten sein auffälliges Prachtkleid. Konkurrenz tut gut. Die Weibchen übernehmen wie-der einmal alleine die Brutpflege und können zum Entlassen der Jungtiere separat gesetzt werden. Ideale Beifische für diesen Sandcichliden sind die bereits erwähnten Kärpflingscichliden, *Cyprichromis leptosoma.* Ist man ein Freund und Spezialist solcher Arten, muß man diese Fische allein halten, ansonsten können sie sich nie richtig entfalten. Sandcichliden sind sehr

schreckhaft, springfreudig und recht empfindlich, deswegen sollten sie nicht für den Anfang gewählt werden. Der Handel bietet neben *Enantiopus melanogenys* hin und wieder die ähnlich aussehenden und zu pflegenden *Xenotilapia ochrogenys* und *X. sima* an. Unter den spezialisierten Liebhabern erfreuen sich ebenfalls die sich völlig anders verhaltenden *Xenotilapia*-Arten *X. papilio* und *X. flavipinnis* (beide Ehepartner betreiben abwechselnd Maulbrutpflege!) großer Beliebtheit.

Eretmodus cyanostictus
Tanganjikaclown

Mit ihrer hüpfenden, ruckartigen Fortbewegungsweise auf dem Bodengrund erinnern alle „Grundelbuntbarsche", von denen man vier Arten unterscheidet, an die bekannten Grundeln, welche teilweise drollig anzusehen sind. Die Tiere schauen vorwitzig aus den Spalten und deshalb wurde der Populärname „Tanganjikaclown" vergeben. Im See leben die knapp 10cm groß werdenden Cichliden paarweise im extremen Flachwasser und sind mit dem Abschaben von Aufwuchs beschäftigt. Die Geschlechter lassen sich äußerlich leider nicht erkennen. Im ausgewachsenen Alter sind die Männchen in der Regel kräftiger gebaut und besitzen eine leichte Stirnwölbung. Normalerweise hält man die Fische, insofern erkennbar, paarweise. Der Tanganjikaclown paßt wunderbar ins Gesellschaftsaquarium und lebt dort versteckt. Die Tiere bilden als Besonderheit unter den Maulbrütern eine eheahnliche Partnerschaft. Diese Besonderheit wird noch durch die Tatsache gesteigert, daß sich das Paar die Zeit der Maulbrutpflege partnerschaftlich aufteilt. Das Weibchen über-

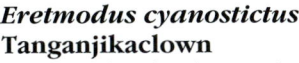

Eretmodus cyanostictus.

gibt dem Männchen nach ca. 12 Tagen den gesamten Nachwuchs! Daraus folgt, daß man bei planmäßiger Zucht diesmal das Männchen nach weiteren fünf Tagen extra setzen sollte. Bevor dies soweit ist, müssen Sie die Fische gut mit pflanzlicher Kost ernähren. Tanganjikaclowns sind ebenfalls sehr sauerstoffbedürftig und benötigen regelmäßige Frischwas-

Julidochromis marlieri
Schachbrettcichlide

Der „Schachbrettcichlide" ist der bekannteste Vertreter aus der überaus populären Gattung *Julidochromis,* den Schlankcichliden, der derzeit fünf Arten angehören. Die langgestreckten und wunderbar gezeichneten Tanganjikaseecichliden können bis 15cm groß wer-

Julidochromis marlieri.

serzugaben. Im Handel sind regelmäßig Wildfänge der bekannten Burundi-Rasse von *Eretmodus cyanostictus* vertreten. Etwas auffälliger gefärbt ist die blaugetüpfelte Variante aus Sambia, die dunkle aus Tansania und eine orangefarbene aus Kigoma.

den. Im Tanganjikasee leben Schachbrettcichliden paarweise im Felsenlitoral und ernähren sich u. a. von kleineren Schnecken. Die beste Nahrung im Aquarium stellen *Cyclops,* Daphnien und Mysis dar. Jungtiere können mit ihrem kleinen spitzen Maul nur sehr kleine Futterpartikel aufnehmen. Äußerlich sind die Männchen oder Weibchen nicht erkennbar. Erst beim Balzen und Ablaichen kann man sicher sein, wer zu wem gehört und wer was ist. Dann bilden die Tiere ein Paar und betreuen den Nachwuchs in einer Elternfamilie. Hat sich erst einmal ein harmonisierendes Pärchen gefunden, laichen die Tiere mehrfach hintereinander. Manche Schachbrettcichliden legen fast jede Woche einige grüngefärbte Eier ab. Schachbrettcichliden lassen sich gut in Tanganjika-Gesellschaftsaquarien pflegen. Voraussetzung ist eine versteckreiche Dekoration. Die Höhlenbrüter nehmen gern Schieferplatten, Lochgestein und Höhlen verschiedenster Art als Revier und Brutstätte an, die sie heftig verteidigen. Innerartlich kann diese Art sehr aggressiv werden. Mittlerweile sind auch von dieser Art einige Lokalrassen bekannt geworden, jedoch tauchen im Handel vornehmlich Nachzuchten von nicht immer schön gezeichneten Elterntieren auf.

Neolamprologus brevis
Schneckenbuntbarsch
Dieser vielleicht bekannteste „Schneckenbuntbarsch" lebt im See auf sandigschlammigen Boden in der Nähe leerer Schneckenhäuser. Oft wird das Gehäuse derart eingegraben, daß nur noch das Schlupfloch erkennbar ist. Die Art wird ganze 5cm groß - ein übliches Schneckenbuntbarschminimaß - und bildet einen recht deutlichen Geschlechtsunterschied aus: Die Männ-

chen sind bullig, wesentlich größer und auch intensiver gefärbt als ihre Partnerinnen. Das viel kleinere Weibchen versteckt sich immer als erste im gemeinsamen Appartement. Dieser Schneckenbuntbarsch bildet eine für Höhlenbrüter typische Elternfamilie, wobei die Weibchen das Gelege betreuen und die Männchen das Revier absichern. Beide nutzen dasselbe Schneckenhaus als Versteck- und Brutplatz, eine Besonderheit unter den kleinbleibenden Schnecken-Tanganjikaseecichliden. Im Aquarium sollte man nur jeweils ein Paar dieser territorialen Art pflegen und Sand als

Neolamprologus brevis.

Untergrund verwenden, da die Tiere gern graben. Als Ersatz-Schneckengehäuse eignen sich leere Weinberg- oder Apfelschnecken. Allerdings sollte man mehrere Häuser zur Auswahl anbieten. Ohne Schneckengehäuse sind die Tiere obdachlos. Als Futter werden Kleinkrebse, *Cyclops,* Daphnien und Arte-

Neolamprologus meeli.

Neolamprologus signatus.

Neolamprologus similis.

mien, bevorzugt. Schwer ist zuweilen das Herausfangen von Tieren, die sofort in ihre Wohnstätten uneinholbar flüchten. Für ein einzelnes Paar reichen sogar schon Behälter ab 40 Liter Inhalt aus. Praktischerweise lassen sich die Eier oder Jungfische mit dem Schneckenhaus in ein gesondertes Aquarium „überführen". Ansonsten gelingt die Zucht im Gesellschaftsaquarium, wobei man auf die richtige Fütterung der kleinen Jungfische achten muß. Um eine direkte Versorgung zu garantieren, kann man mit Pipetten arbeiten, mit deren Hilfe zielsicher gefüttert wird. Der Handel bietet neben *Neolamprologus brevis* eine Reihe weiterer ähnlich zu pflegender, sich aber immer ein wenig anders verhaltender Schneckencichliden an, wie z. B. *N. multifasciatus, N. meeli* und *L. ocellatus*.

Neolamprologus brichardi
Prinzessin von Burundi

Die sogenannte „Prinzessin von Burundi" ist eine der populärsten Tanganjikaseecichliden und wohl in jedem Zoofachgeschäft ständig anzutreffen. Dabei täuschen die elegante Art zu schwimmen und die zarte Gestalt majestätisches Verhalten nur vor, denn dieser berühmte Cichlide ist ein ausgesprochenes Rauhbein und keineswegs zart besaitet. Im Tanganjikasee brüten die ca. 10cm großen

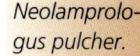

Neolamprolo-
gus pulcher.

Neolamprolo-
gus brichardi.

Fische in Koloni-
en mit hunderten
Tieren. Dabei
schweben sie
über ihren Ver-
steckplätzen auf
der Suche nach
Futter in Form von
tierischem Plank-
ton. Die Prinzes-
sin ist ein typi-
scher Höhlen-
brüter und bildet
eine Elternfamilie, bei der sich die Geschlechter nur sehr schwer unterscheiden lassen. Männliche Exemplare sind
im ausgewachsenen Zustand oft etwas
kräftiger gebaut und besitzen noch
schönere, d. h. noch länger ausgezogene Flossenstrahlen. Unter mehreren
Jungtieren wird sich im Gesellschaftsaquarium ein Paar finden, das bald ein
Revier verteidigt. Sehr wichtig ist eine
versteckreiche Dekoration, die man
phantasievoll einbringen kann. Gegenüber anderen Fischen ist diese Art recht
aggressiv und mit ihren spitzen Zähnen
kann sie ernste Verletzungen hervor-
rufen. Bei der Fortpflanzung zeigt die
Prinzessin ein erstaunliches Verhalten.
Kurz hintereinander erfolgen mehrere
Bruten, wobei dann die älteren Jungfische ihren Erzeugern bei der Laichpfle-
ge helfen und ihre jüngeren Geschwister durch Revierverteidigung beschüt-
zen. Ein für Fische einmaliges Verhalten!
Die Eltern selbst sind nicht sonderlich fest
miteinander verbunden und betreiben
auch keine intensive Brutpflege. Nur das

Revier wird heftig verteidigt. Dadurch
gelingt die Aufzucht vieler Jungtiere
bereits im Gesellschaftsaquarium. Neben
der bekanntesten Art *Neolamprologus
brichardi* tauchen im Handel häufig die
wunderschöne Form *N.* spec. „Daffodil",
N. spec. „Walteri" und die rotgepunkte-
te Art *N. pulcher* auf.

Neolamprologus leleupi
Zitronenbuntbarsch

Der sehr bekannte „Zitronen- oder
Gold-Cichlide" lebt im Tanganjikasee
einzelgängerisch im Felsenbiotop auf

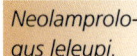

*Neolamprolo-
gus leleupi.*

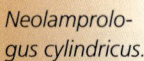

*Neolamprolo-
gus cylindricus.*

der Suche nach Futter in Form von kleinen Krebstieren. Die 10cm groß werdenden Fische unterscheiden sich geschlechtlich wenig voneinander. Die Männchen werden etwas kräftiger und können einen kleinen Stirnbuckel ausbilden. Diese Art ist ein typischer Höhlenbrüter, der in der Natur nur zur Fort-

pflanzung zusammenkommt. Im Aquarium zeigen sich die Zitronenbuntbarsche territorial und aggressiv gegenüber Artgenossen. Aus diesen Gründen sollte man nur ein Paar pro Aquarium einplanen bzw. die „überschüssigen" Artgenossen umsetzen, sobald sich zwei Tiere paarungsbereit zeigen. Im Tanganjika-Gesellschaftsaquarium ist dieser auffällige Cichlide eine interessante Bereicherung, der reichlich Versteckplätze benötigt, was eigentlich für alle Tanganjikaseecichliden, besonders Höhlenbrüter, gilt. Um seine leuchtende Farbe im Aquarium zu erhalten, müssen *Cyclops,* Daphnien, *Artemia* und Farb-

Flockenfutter verab-
reicht werden. Als Brut-
höhle eignen sich sehr
gut Blumentöpfe oder
Keramikhöhlen. Die
eigentliche Brutpflege
übernimmt wieder ein-
mal das Weibchen. Mit-
unter kann es in klei-
nen Aquarien vorkom-
men, daß ein Männ-
chen sein Weibchen so
stark bedrängt, daß die-
ses herausgefangen
werden muß. Wenn das Weibchen dann
Laichansatz in Form eines dicken
Bauchs zeigt, setzt man das Männchen
wieder hinzu. Man unterscheidet bei
Neolamprologus leleupi mehrere For-

men, die sogar gänzlich dunkel gefärbt
sein können. Ähnlich wie der Gold-
cichlide verhalten sich auch die neue-
ren, beliebten Arten *N. buescheri* und
N. cylindricus.

*Neolamprolo-
gus tretro-
cephalus.*

*Neolamprolo-
gus tretroce-
phalus juvenil.*

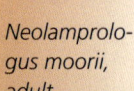

Neolamprolo-gus moorii, juvenil.

Neolamprolo-gus moorii, adult.

Neolamprolgus tretrocephalus
Fünfstreifenbuntbarsch

Der auffällig gezeichnete „Fünfstrei-fenbuntbarsch" lebt im Tanganjikasee paarweise in Felsen- und Sandgebieten. Dort sucht das territoriale Paar nach ver-steckten Wirbellosen, vornehmlich Schnecken, die sie mit ihren kräftigen Schlundknochen zermalmen können. Männchen und Weibchen sind mal wie-

der äußerlich nicht voneinander zu unterscheiden. Die Art kann maximal 15cm groß werden, bleibt im Aquari-um zumeist deutlich kleiner. Auf den ersten Blick können die Tiere mit den Arten *Neolamprologus sexfasciatus* und *Cyphotilapia frontosa* verwechselt wer-den. Der Fünfstreifenbuntbarsch ist innerartlich sehr aggressiv und sollte paarweise im Gesellschaftsaquarium gepflegt werden, das deutlich über 100 Liter Volumen besitzen muß. Überzäh-lige Artgenossen befördert das Paar mit-unter selbst ins Jenseits... Als Versteck-und Brutplätze werden Blumentöpfe oder Keramikhöhlen akzeptiert. In jedem Fall muß das Aquarium ver-steckreich gestaltet sein, damit unter-drückte Tiere Möglichkeiten zum Unter-schlüpfen besitzen. Selbst das Weib-

*Ophthalmoti-
lapia ventralis.*

chen ist oft vor ihrem eigenen Gatten
nicht sicher. Andere Arten lenken auch
hier wieder den Tyrannen ab. Ein Weibchen legt z. T. mehrere hundert Eier in
Höhlen ab, welche vom Männchen
gegen Eindringlinge verteidigt werden.
Die Ernährung bereitet keine Mühe, die
Fische nehmen auch kräftiges Ersatzfutter willig an. Beachten sollte man die
Springfreudigkeit dieser Art, die eigentlich gar nicht danach aussieht. Trotz dieser Vorbehalte hinsichtlich Unverträg-
lichkeit ist *Neolamprologus tretroce-
phalus* ein sehr attraktiver und typischer Höhlenbrüter, dessen
Beobachtung sich lohnt. Ähnlich
aggressiv verhalten sich auch der früher
einmal häufiger *N. tetracanthus* und
der immer noch populäre *N. moorii* mit
ihren besonderen Farbkleidern.

Ophthalmotilapia ventralis
Blauer Fadenmaulbrüter

Der bekannteste Verteter aus jener
Gruppe auffälliger Fische, welche im
männlichen Geschlecht verlängerte
Bauchflossen tragen, ist der „Blaue
Fadenmaulbrüter". Wie Sandcichliden
leben Fadenmaulbrüter im Tanganjikasee in sandigen Felsbereichen, wo die
15cm großen Männchen Laichkrater
nebeneinander anlegen und die in
Schulen umherziehenden Weibchen
anbalzen. Die Männchen können bei
richtigem Licht fantastisch blau strah-
len, während die Weibchen gänzlich
unscheinbar grausilber gefärbt sind. Leider bekennen die Männchen erst recht
spät Farbe, so daß sich die Geschlechter als Jungtiere nicht unterscheiden
lassen. Wenn sich die Männchen unter-

69

AUSGEWÄHLTE ARTEN

*Ophthalmotila-
pia nasuta.*

*Aulonocranus
dewindti.*

drückt oder nicht wohl fühlen, zeigen sie ein ebenso schlichtes Farbkleid, wie es Weibchen und Jungfische tragen. Die Art ist ein typischer Maulbrüter, bei dem die Männchen nur um die quantitative Weitergabe ihres Erbguts interessiert sind und die allein maulbrütenden Weibchen sich den schönsten, also qualitativ besten Geschlechtspartner aussuchen. Während der imposanten Balz und Paarung zeigt das Männchen seine ganze Farbenpracht, die jeden Betrachter begeistert. Im Aquarium benötigen diese Vertreter viel Platz, so daß erst Aquarien ab 1,5 Metern Länge in Frage kommen. Der Bodengrund sollte möglichst fein sein. Bald werden geschlechtsreife Männchen mit ihren Bauarbeiten anfangen und um die Gunst der Weibchen konkurrieren, insofern genügend Platz für mehrere Männchen vorhanden ist. Die tragenden Weibchen werden am besten in ein separates Aquarium gesetzt, wo sie streßfrei den Nachwuchs entlassen können. Aggressive Arten als Aquariuminsassen, z. B. andere Malawi- und Tanganjika-Maulbrüter, sind denkbar ungeeignet, denn die Tiere kommen einfach nicht zum Zuge und können sich nicht richtig entfalten. Gute Gesellschafter stellen Tanganjika-Höhlenbrüter dar. Ein Freund von Fadenmaulbrütern wird den Tieren ohnehin ein gesondertes, großes Aquarium zuweisen. Von *Ophthalmotilapia ventralis* sind mittlerweile eine Vielzahl geographischer Rassen bekannt geworden, die wunderschön gefärbt sein können. Verwandte und ähnlich zu haltende *Ophthalmotilapia*-Arten sind *O. boops, nasuta, heterodonta,* sowie der fantastisch aussehende *Cyathopharynx furcifer*, die zum Teil zu stolzen Preisen vertrieben werden.

Paracyprichromis nigripinnis
Blue-Neon

Ende der achtziger Jahre tauchte ein wunderschön gefärbter neuer Kärpflingscichlide auf, der zu Recht „Blue Neon" getauft wurde. Dieser Fisch gehört zu jenen untypischen Cichliden, die Aquarianer „Kärpflings- oder Heringscichliden" nennen. Statt satten Farben wie bei *C. leptosoma* besticht die Art im männlichen Geschlecht durch blaugepunktete Linien, die über den Körper verlaufen. Im Aquarium stellte sich bald heraus, daß dieser *Cyprichromis* sich ganz anders verhält als seine Verwandten und deshalb ist seine Eingruppierung in eine andere Gattung alleine auf Grund seines abweichenden Verhaltens berechtigt. *Paracyprichromis nigripinnis,* wozu der „Blue-Neon" gezählt wird, ist bei weitem nicht so temperamentvoll wie die Spielarten des *C. leptosoma.* Die Art verfügt über eine stärkere Bindung zum Substrat und laicht auch an senkrechten Steinen ab, während *C. leptosoma* immer das freie Wasser wählt.

Die Tiere benötigen unbedingt Kleinkrebse zur Ernährung und diese am besten lebend. Sehr gut eignen sich selbstgezüchtete Salinenkrebse. Ansonsten kommen vorrangig selbstgetümpelte *Cyclops* und Daphnien in Frage. Mit ihrem vorstülpbaren Maul werden die Futtertiere eingesogen bzw. aufgepickt. Neben der richtigen Fütterung spielt die passende Gesellschaft eine wichtige Rolle. Zu groß werdende und aggressive Tanganjikaseecichliden sind keine geeigneten Gesellschafter. Dies ist beim Blue Neon etwas anders als bei den robusteren und wesentlich größer werdenden *C. leptosoma.* Zum Wohlbefinden trägt außerdem sehr der regelmäßige Wasserwechsel bei. Min-

Im Bild ein Paar des begehrten und wunderschön gezeichneten Paracyprichromis nigripinnis „Blue-Neon".

destens die Hälfte wöchentlich. Kärpflingscichliden sind nach wie vor etwas transportempfindlich und leicht gestreßt. *Paracyprichromis nigripinnis* und sein Verwandter *P. brieni* scheinen generell etwas empfindlicher und krankheitsanfälliger als ihre Namensvetter zu sein.

wechsel. Nach ca. einem Jahr verschwindet zum Leidwesen Vieler die Pünktchenzeichnung und macht dem Alterskleid Platz, was auch sehr ansprechend aussehen kann. Die Art lebt im See einzelgängerisch und ernährt sich vom Aufwuchs an den Felsen. Nur zur Paarung kommen Männchen und Weibchen zusammen. Das Fortpflanzungsverhalten ist typisch für Maulbrüter, bei denen das Weibchen die Brutpflege allein übernimmt. Allerdings setzen die Tiere nur recht wenige Laichkörner ab, meist unter zehn, die im Vergleich zu anderen geradezu riesig sind. Die Fische können sich den Luxus leisten, nur ganz wenige erbsengroße Eier über vier Wochen im Maul zu pflegen, um dann sehr große (über einen Zentimeter!),

Tropheus duboisi
Weißpunktbuntbarsch

Der berühmte „Weißpunktbuntbarsch" ist einer der populärsten Tanganjikaseecichliden, den fast jeder Aquarianer kennt und der so begeisternd aussieht, daß auch Aquarianerfrauen ins Schwärmen geraten. Bestimmt standen auch sie staunend vor einem Aquarium mit diesen Fischen, deren prächtiges Jugendkleid an das von Korallenfischen erinnert. Erstaunlicherweise durchleben die Fische einen markanten Farb-

widerstandsfähige Junge dem Schutz der Felsen anzuvertrauen. Im Aquarium zeigen sich diese Cichliden territorial und innerartlich sehr aggressiv, so daß eine hohe Stückzahl von mindestens zehn Exemplaren in Aquarien mit mindestens 120cm Länge gepflegt werden muß. Hinzu kommt noch, daß sich die Geschlechter äußerlich nicht unterscheiden lassen. Ein Vergleich der Genitalpapillen schafft bei ausgewachsenen Tieren Klarheit. Ganz wichtig ist bei diesen Vegetariern der Punkt Fütterung.

Tropheus duboisi juvenil mit Synodontis multipuncta- tus.

Nächste Seite: Tropheus duboisi-Zucht- gruppe.

Die Fische erleiden schnell Verdauungsstörungen, die nicht selten tödlich enden. Als Futterarten sollten *Cyclops,* Daphnien, in kleineren Mengen Mysis und *Artemia,* sowie pflanzliches Flokkenfutter mit viel *Spirulina* gereicht werden. Kein Lebendfutter und keine Mückenlarven, wenn auch gefroren, verfüttern. Das Gefrierfutter muß zuvor unbedingt aufgetaut werden. Bei sehr versteckreicher Dekoration, die sich unbedingt empfiehlt, können die Weibchen ihre Jungen relativ geschützt entlassen. Im Gesellschaftsaquarium bestehen gute Chancen, daß die meisten Jungtiere überleben werden. Desweiteren bietet sich die Möglichkeit an, die Weibchen extra zu setzen. Allerdings muß man beachten, daß die Tiere im Aquarium geschlossene Gemeinschaften bilden, die jeden Neuling oder sogar ein krankes Gruppenmitglied ausstoßen. Nach zwei Wochen Isolation werden bereits manche Weibchen als Neuling behandelt und teilweise bis zum Tode gejagt. *Tropheus duboisi* läßt sich gut mit weiteren maulbrütenden Aufwuchsfressern aus dem Malawi- und Tanganjikasee vergesellschaften. Auch Höhlenbrüter finden genügend Versteckplätze, da gegenüber anderen Arten keine Aggressionen verzeichnet werden. Eng verwandt und äußerst populär sind die gattungsverwandten *Tropheus moorii*-Varianten, die „Brabantbuntbarsche", für deren Pflege gleiches gilt und die hervorragend mit dem Weißpunktbuntbarsch kombiniert werden können.

AUSGEWÄHLTE ARTEN

Tropheus duboisi, fast vollständig umgefärbt.

Tropheus spec. „Kachese red".

Tropheus moorii
Brabantbuntbarsch

Brabantbuntbarsche zählen zu den Lieblingskindern der Cichlidenfreunde. Und dies kommt nicht von ungefähr. Obwohl diese Fische wirklich nicht einfach zu halten sind, üben sie auf viele „Leidensgenossen" einen magischen Reiz aus. Da ist zum einen das prächches viele Liebhaber vor dem Aquarium fesselt. Brabantbuntbarsche sind Pfleglinge, mit denen man sehr freudige, aber auch sehr traurige Stunden erleben kann. Und dies verbindet auf merkwürdige Weise. Dieser Mix führt zu einer einzigartigen Begeisterung, die ich bei keiner anderen Fischgruppe beobachten konnte. Hinzu kommen

Tropheus spec. „Lupota".

tige Aussehen vieler Varianten (verspottet als „Eierkohlen"), zum anderen ihr temperamentvolles Verhalten, welsicher noch die Seltenheit einiger Varianten und die recht hohen Verkaufspreise, die den Fischen ungewollt ein gewisses Image als aquaristische Statussymbole verschafften. Aber glauben Sie mir bitte, *Tropheus*-Cichliden sind das Geld und die viele Mühe wert!

Bis vor einigen Jahren wurde jeder *Tropheus,* der anders als ein *T. duboisi* aussah, als „Brabantbuntbarsch" bezeichnet. Streng genommen trifft dieser Name aber nur auf die selten gewordene, jahrelang dominierende gelb-rote Variante (Rutunga) zu. Dennoch hat sich die Bezeichnung eingebürgert. Nicht ganz korrekt ist weiterhin, alle Varianten der Art *Tropheus moorii* zuzuschreiben. Dies soll uns aber heute wenig interessieren.

Die Gattung *Tropheus* fasziniert immer mehr, je intensiver man sich mit ihr beschäftigt. Der Reiz des Neuen wird hierbei besonders deutlich. Ständig gelangen neue Varianten in den Handel, die „man" einfach haben muß. Herrliche Formen wurden in den letzten Jahren exportiert, die zu den auffälligsten Aquarienfischen zählen. Viele Aquarianer stürzen sich fast in den finanziellen Ruin, um diese Kostbarkeiten zu erwerben. Bei nicht wenigen ist die Enttäuschung groß, wenn die ersten Verluste eintreten. Wie bereits für den Weißpunktbuntbarsch geschildert, sind auch alle anderen *Tropheus* bezüglich des Futters sehr empfindlich und leiden schnell unter mysteriösen „Verdauungsstörungen", die nicht selten tödlich enden. Gibt man daraufhin frustriert die *Tropheus*-Pflege auf, wird man zumeist „rückfällig", erscheinen einem doch alle anderen Fische gegenüber den hektisch lebhaften Brabantbuntbarschen als langweilig.

Vielleicht erliegen ja auch Sie als fortgeschrittener Tanganjikaner dem unaussprechlichen Reiz dieser Fische. Aber bitte bedenken Sie, dies wird eine Bindung auf Lebenszeit!

Ein Wort zum Schluß: Eigentlich sollten Sie nun mit Hilfe dieses kleinen Leitfadens wenig verkehrt machen. Ich muß Sie jetzt mit Ihren Tanganjikaseecichliden allein lassen und mich der vagen Hoffnung hingeben, einfache Antworten auf die dringendsten Fragen gegeben zu haben.

Jetzt sind Sie an der Reihe!

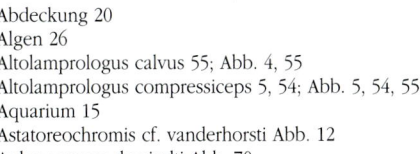

Bücher für Ihr Hobby

Mit der neuen Erfolgsreihe aus dem bede-Verlag bieten wir Ihnen zu Ihren Aquarienfischen das passende Buch.
Sie möchten in die Aquaristik einsteigen , oder Sie brauchen wertvolle Tips zur Haltung und Zucht Ihrer Fische, dann ist unsere neue Reihe genau das Richtige. Jeder der acht Titel umfaßt 80 Seiten und ca. 70-90 faszinierende Farbaufnahmen.
Für nur DM 19,80 je Titel ein aquaristisches Muß für jeden Hobby-Aquarianer.

Zwergcichliden
ISBN 3-931 792-29-3

Tanganjikaseecichliden
ISBN 3-931 792-44-7

Malawiseecichliden
ISBN 3-931 792-25-0

Corydoras-Panzerwelse
ISBN 3-931 792-26-9

Guppies
ISBN 3-931 792-28-5

Piranhas
ISBN 3-931 792-27-7

Skalare
ISBN 3-931 792-30-7

Diskus
ISBN 3-931 792-24-2